CW01666078

Masallarla Satranç

Ozan ÇAPAN

ODTÜ YAYINCILIK

MASALLARLA SATRANÇ

Ozan ÇAPAN

ISBN: 978-605-9856-69-0

© Tüm yayın hakları ODTÜ Geliştirme Vakfı Yayıncılık ve İletişim A.Ş.'nindir. Yayıncının izni olmaksızın, hiçbir biçimde ve hiçbir yolla, bu kitabın içeriğinin bir bölümü ya da tümü yeniden üretilemez ve dağıtılamaz.

Resimleyen
Murat EREN

Sayfa Düzeni
Emrullah ÖZ

4. Basım Temmuz 2021
Salmat Basım Yayıncılık San. Tic. Ltd. Şti.
Sertifika no: 47771

ODTÜ Geliştirme Vakfı Yayıncılık ve İletişim A.Ş.
Üniversiteler Mah. ODTÜ Küme Evleri No: 152
Çankaya-ANKARA
Tel : (312) 480 15 97 - 480 15 98
Faks : (312) 480 15 99
Sertifika no : 15723
E-posta : odtuyayincilik@odtuyayincilik.com.tr
İnternet : www.odtuyayincilik.com.tr

ÖNSÖZ

Merhaba,

Günümüzde satranç, artık sadece bir spor ya da oyun olarak değil, aynı zamanda eğitimde bir yöntem olarak da değerlendirilmektedir.

Satranç, her yaştan satranç oyuncularını, sosyal ilişkilerinde dengeli, tutarlı, bağımsız karar verebilen, çoklu düşünebilen, başkalarına karşı hoşgörülü ve anlayışlı, yetkin insanlar haline getirmekte; zekâ gelişimine önemli katkı sağlamaktadır.

Uzun yıllardan beri özellikle 5-8 yaş arası çocuklara satranç eğitmenliği ve antrenörlüğü yaparken edindiğim birikimlerden yola çıkarak, Masal ve Oyunla Satranç Eğitim Metodu (MOSEM) ismini verdiğim bir yöntem geliştirdim. Bu kitap MOSEM programı dahilindeki setin 2. kitabıdır.

Masallarla Satranç kitabı ile çocuklara karmaşık gelebilen satranç kuralları hikâyelerle desteklenmekte, böylece severek ve kalıcı bir öğrenme gerçekleşmektedir.

Taşların hareketleri ve kurallarıyla ilgili masallar neden sonuç ilişkisine göre düzenlenmiştir. Bu nedenle, taşın hareketini unutabilecek olan bir çocuk bile masalını bildiği için kuralını kolaylıkla hatırlayabilecektir.

Böylece satranç oyununun kurallarını hikâye kitabı okur gibi öğrenilmesi hedeflenmiştir.

Kitabın hazırlanma süresince katkısı olan herkese çok teşekkür eder, tüm satranç severlerin beğeneceği ve faydalanabileceği bir kitap olmasını dilerim.

Sevgilerimle

Ozan Çapan

İÇİNDEKİLER

1. BÖLÜM

SATRANÇ OYUNU

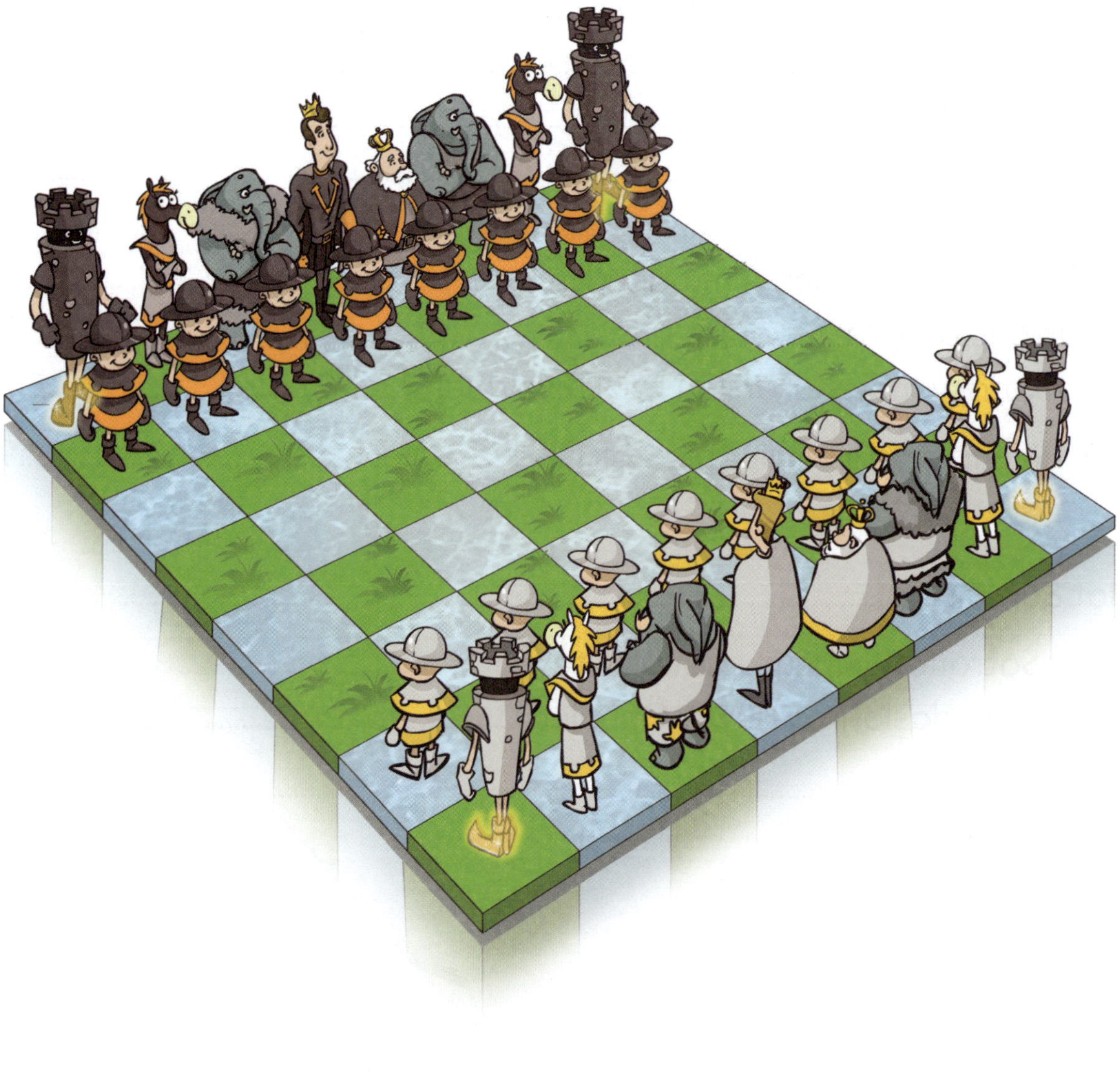

SATRANÇ ÜLKESİ VE BİR SATRANÇ MASALI

Sevgili çocuklar, gelin sizinle bir satranç ülkesi hayal edelim.

Bu ülkede birbirine benzeyen altmış dört tane ev varmış.

Bu evlerin yarısı, bahçesinde ağaçlar ve çiçekler olan, yemyeşil çimenlerin arasındaki orman evleri; diğer yarısı ise kış mevsimi olduğu için üstü kar kaplı olan, bembeyaz buzdan yapılmış buz evleriymiş. İşte bu ülkeye satranç ülkesi denirmiş...

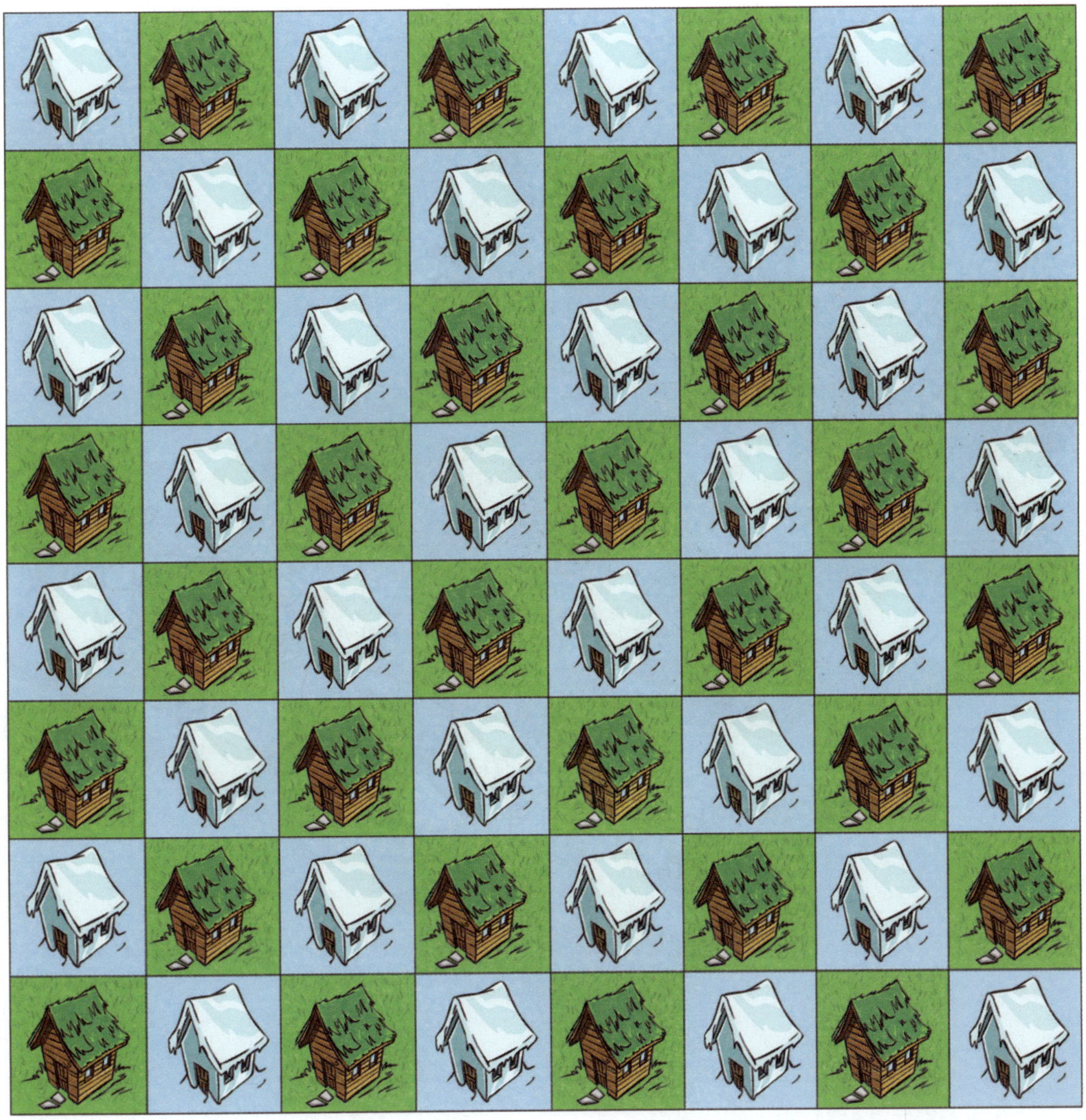

Bu ülkede birbirlerine benzeyen iki halk yaşarmış. Bu halklardan biri, beyaz tenli, sarı saçlı, açık renk elbiseler giyen **beyaz halkmış**. Diğer halk ise koyu renk tenli, siyah saçlı, koyu renk elbiseler giyen **siyah halkmış**.

İşte bu iki halk, birbirinden uzakta, mutlu bir şekilde yaşarlarmış.

Satranç ülkesinde, bu iki halkın arasındaki **ortak bölge**de bulunan ve hem beyazların hem de siyahların yiyeceklerini koydukları evler varmış.

Bu evlere hem beyaz hem de siyah halktan, özel demir elbiseler giyen görevli çocuklar gelir, ihtiyaçları kadar yiyeceği alıp evlerine geri dönerlermiş.

Ama bir gün...

Siyah demir elbiseli bir çocuk, çok acıktığı için topladığı muzlardan bir tanesini yemiş ve kabuğunu da yere atmış.

Yere düşen muz kabuğunu görmeyen beyaz demir elbiseli çocuk da muz kabuğuna basıp **küt!** diye yere düşmüş.

Canı öyle acımış ki, o da muz kabuğunu yere atan siyah demir elbiseli çocuğa bir elma fırlatmış.

Ne olduğunu anlamayan siyah demir elbiseli çocuk, kendisine elma atan beyaz demir elbiseli çocuğu görünce hüngür hüngür ağlayarak arkadaşlarına doğru koşmaya başlamış.

Yanlarına gelince arkadaşlarına olanları şöyle anlatmış:

"Ben ihtiyacımız olan muzları toplayıp sepetime koyarken bütün beyaz çocuklar benim kafama elma atıp bana kahkahalarla güldüler..."

Çocuk, olanları koca göbekli siyah şaha da anlatmış.

Duyduklarına inanamayan ve çok öfkelenen siyah şah:

"Bu beyazlar da artık çok oluyorlar. Yiyeceklerimizi bile bize vermek istemiyorlar, öyle mi?"

diyerek ortak kullanılan bölgeye daha fazla görevli göndermiş.

Diğer tarafta, muz kabuğuna basıp yere düşen beyaz çocuk da kendi şahına gidip,

"Siyahlar bütün muzlarımızı yemişler, sonra da onları görmemem için bana muz kabuklarından tuzak hazırlamışlar"

demiş.

Doğru dürüst bilgi sahibi olmayan koca göbekli beyaz şah da tıpkı koca göbekli siyah şah gibi ortak bölgeye daha çok görevli göndermiş.

Böylece, beyazlar ve siyahlar arasında yıllarca sürecek bir kavga başlamış. Ancak, bu kavga o kadar uzun sürmüş ve iki halka o kadar zarar vermiş ki, iki halk da bundan çok pişman olmuşlar.

Yeni yiyecekler depolayamadıkları için aç kalmışlar, sürekli kavga ettikleri için sık sık hasta olmuşlar ve başka pek çok sıkıntı yaşamışlar.

Sonunda, bunun böyle devam etmeyeceğini anlayan akıllı şahlar kavga etmenin yanlış olduğunu görmüşler ve birbirlerine sarılıp barışmışlar. Bir daha kavga etmemek için de bütün bu yaşadıklarını, kuralları olan bir oyuna dönüştürmüşler. Ne zaman düşünerek eğlenmek isteyen birilerini bulsalar, onlarla bu oyunu oynamışlar.

Hatta her yıl yarışmalar düzenleyip katılan herkese ödül vermişler.

İşte satranç dediğimiz bu oyun böyle ortaya çıkmış...

Şimdi sen de bu oyunu öğrenmeye hazır mısın?

Yanıtın "evet" mi?

O zaman şimdiye kadar bazı bilgiler öğrenmiş olmalısın...

Örneğin,

- Bu oyunun kuralları olduğunu,
- Kavganın ne kadar anlamsız bir nedenden başladığını,
- Düşünerek eğlenmek isteyenlerin bu oyunu oynayabildiklerini

unutmamalısın.

O zaman sen artık bir sonraki sayfaya geçebilirsin. Satranç yolculuğunda başarılar diliyorum sana.

Sakın unutma;

Satranç, düşünerek oynanan ve kuralları olan bir oyundur.

SATRANÇ NASIL BİR OYUNDUR?

Sevgili çocuklar, satranç iki kişi arasında oynanan bir düşünce oyunudur. Bu oyunu beyaz ve siyah taşlarımızla ve satranç tahtası ismini verdiğimiz kare şeklindeki bir zemin üzerinde oynuyoruz. Beyaz taşlar, Satranç Ülkesi'nde yaşayan beyaz (açık renk) halkı, siyah taşlar ise siyah (koyu renk) halkları temsil ediyor. Kahramanlarımızın yaşadığı Satranç Ülkesi'ndeki orman evlerine ve buz evlerine benzeyen, açık ve koyu renklerden oluşan zemine ise satranç tahtası diyoruz.

Satranç Ülkesi'ndeki Evler

Satranç Tahtası

Oyunumuzdaki taşların hepsi bu satranç tahtamızdaki evler (kareler) üzerinde hareket eder.

Oyunumuzda, **beyaz halkı 16 görevli taş** temsil eder.

Aynı şekilde **siyah halkı da 16 görevli taş** temsil eder.

Bu 16 görevli taş, hareketleri ve şekilleri farklı olan 6 farklı kahramandan oluşmaktadır.

TAŞLARI TANIYALIM

ŞAH

Akıllı ve koca
göbekli.
Her iki halkta
birer tane var.

VEZİR

Güçlü ve zeki.
Her iki halkta
birer tane var.

KALE

Sihirli ayakkabılı.
Her iki halkta
ikişer tane var.

FİL

Birisi buzda
diğeri ise orman
evlerinde yaşar.
Her iki halkta
ikişer tane var.

AT

Oyunun dans
eden ve
zıplayabilen taşı.
Her iki halkta
ikişer tane var.

PİYON

Oyunun demir
elbiseli taşı.
Her iki halkta
sekizer tane var.

Artık yavaş yavaş satrancı tanımaya başladınız. Şimdi bu oyunun nasıl oynandığını öğrenmeye başlayabiliriz.

RAKİP (OYUN ARKADAŞI)

Satranç oyununu iki kişi oynar. Siyah ve beyaz halkları yöneten iki oyun arkadaşı, aynı zamanda birbirinin rakibidir. Bu oyunda bir halkı (takımı ya da taşları) sen, diğer halkı (takımı ya da taşları) oyun arkadaşın (rakibin) yönetecek.

AMAÇ

Bizim bu oyundaki amacımız, yönettiğimiz halkın şahını (yani kendi şahımızı) koruyarak, rakibimizin şahını ele geçirmeye çalışmaktır. Rakibimizin şahını ele geçirmek için, önümüze çıkacak olan, rakibimizin diğer görevli taşlarını oyun dışına çıkarabiliriz. Biz buna taş almak (ya da taş yemek) diyoruz. Dikkatli olmazsan senin taşlarını da oyun dışına gönderebilirler.

HAMLE (SÖZ SIRASI)

Masalımızdaki kahramanlarımızın, birbirlerini dinlemeden yanlış bilgilerle nasıl kavga ettiklerini hatırlıyorsunuz. İşte bu türlü anlaşmazlıkları ortadan kaldırmak için, oyuna hamle sırası ya da söz sırası diye bir kural koyulmuş. Bu sayede herkes oyun arkadaşının sözünü bitirmesini ve hareketini yapmasını beklemiş. Herkes sırayla hareketlerini yapınca anlaşmazlıklar ortadan kalkmış. Bu aynı zamanda herkesin daha fazla düşünerek daha iyi oynamasını da sağlamış.

Satranç taşlarının hareketlerine hamle denir. Bir hamle, bir taşı bulunduğu evden (kareden) başka bir eve hareket ettirdiğimiz zaman tamamlanmış olur.

Satranç oyununda ilk söz ve hareket hakkını beyaz halka veriyoruz.

İlk hamleden sonra sırayla bir siyah bir beyaz hamleler yaparak oyun devam eder.

DİYAGRAM

Satranç oyununu daha rahat anlamamızı ve oyun hakkında daha fazla düşünmemizi sağlamak için çizilen kâğıt veya kitaplardaki satranç tahtası resimlerine diyagram denir.

Bu kitapta satranç oyunumuzu anlatırken vereceğimiz bütün örnekleri diyagramlarla göstereceğiz.

Satranç oyunundaki taşlar, aşağıdaki tabloda simgelerle gösterilmiştir.

Taşların İsmi	Beyaz Taşlar	Siyah Taşlar
Şah	♔	♚
Vezir	♕	♛
Kale	♖	♜
Fil	♗	♝
At	♘	♞
Piyon	♙	♟

Satranç taşlarının satranç tahtası üzerindeki dizilişi aşağıdaki resimdeki gibidir.

Her satranç kahramanının, oyuna başlarken oturduğu belirli bir evi vardır. Oyunun başlangıcında beyazların ve siyahların güçleri eşittir. Bunların ayrıntılarını daha sonra öğreneceksiniz.

Aşağıdaki resim, satranç oyunumuzun başlangıcındaki durumu gösteren bir resim, yani diyagramdır.

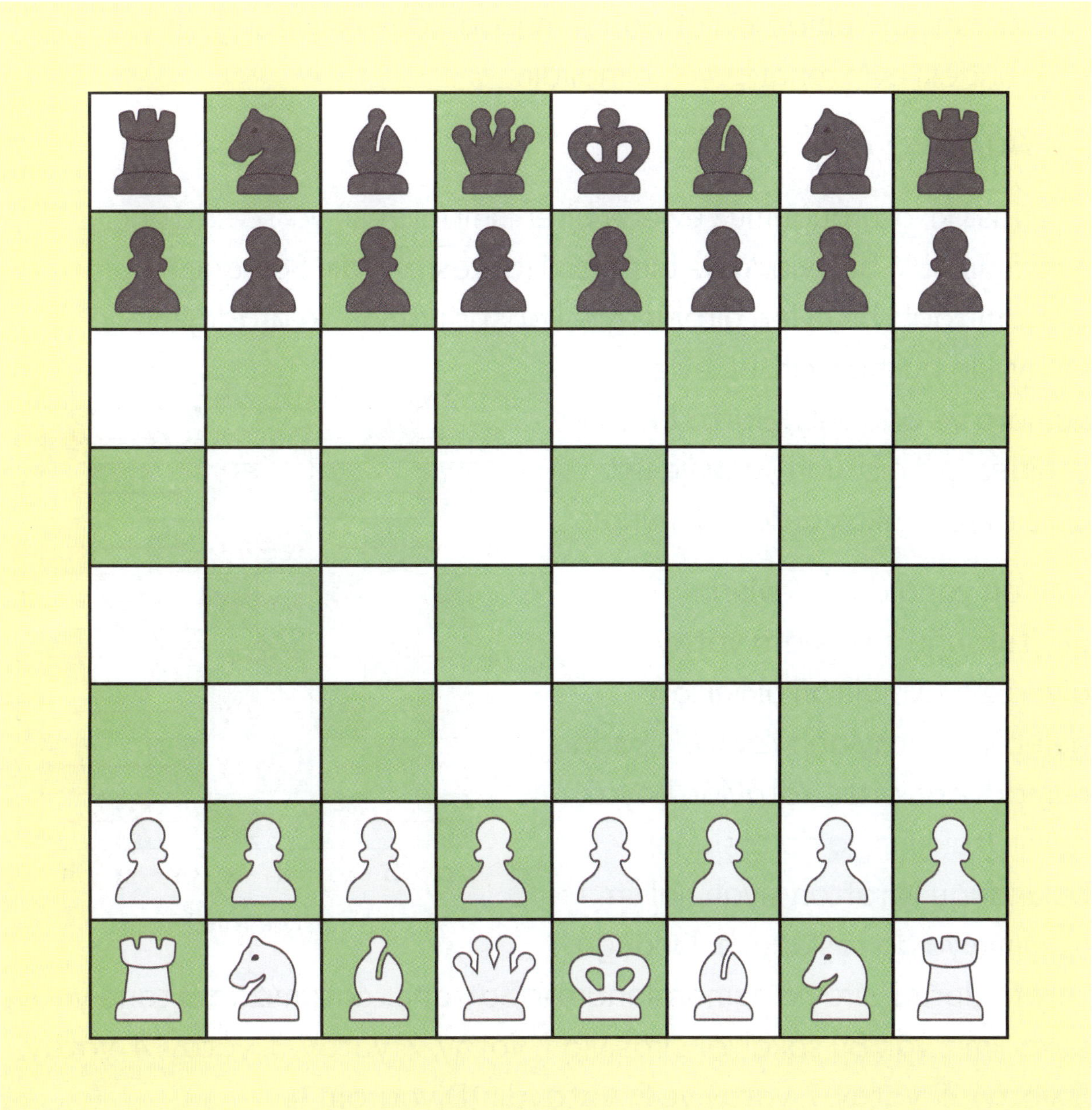

SATRANÇ TAHTASINI TANIYALIM

Şimdi satranç tahtamızı biraz daha yakından tanıyalım. Satranç tahtamız 64 evden (kareden) oluşan büyük bir karedir.

64 evimizin yarısı (32 tanesi) açık renk (beyaz), diğer yarısı (32 tanesi) koyu (siyah ya da yeşil gibi) renktedir. Bunlar aslında bizim kahramanlarımızın yaşadığı satranç ülkesindeki orman evleri (yeşil) ve buz evleridir (beyaz).

Satranç oynamak için oturduğumuzda, tahtamızın sağ alt köşesindeki evin rengi beyaz olmalıdır.

YATAY

Nasıl ki, oturduğumuz evlerin birer ismi (adresi) varsa satranç tahtamızdaki bu evlerin de birer ismi (adresi) vardır. Satranç tahtamızdaki bu evleri birbirleriyle karıştırmamak ve aradığımızda kolaylıkla bulmak için, bu evlere birer numara ve ad verilir. Hatta bu evler şehirlerdeki gibi yan yana ve üst üste duran sokaklarda bulunurlar.

Yan yana duran evlerin oluşturduğu sokaklara yatay diyoruz (yatmaktan aklınıza gelebilir). Yatayların 1'den 8'e kadar numaraları vardır. Yataylar, beyaz halkın (takımın ya da taşların) bulunduğu taraftan siyah halkın (takımın ya da taşların) bulunduğu tarafa doğru, sırayla numaralandırılır. Satranç tahtamızda 8 tane yatay sokağımız var. Bu sokaklar sırasıyla 1. yatay, 2. yatay, 3. yatay, 4. yatay, 5. yatay, 6. yatay, 7. yatay ve 8. yataydır (Diyagram 1).

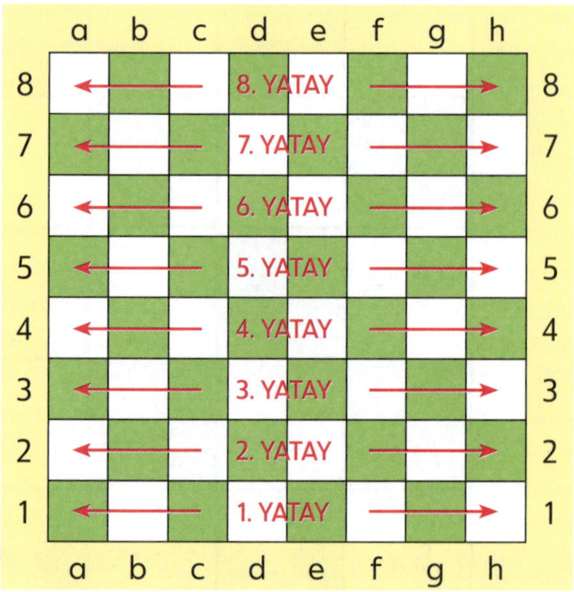

Diyagram 1

DİKEY

Satranç tahtamızdaki bazı evler ise üst üste dururlar. Bu evlere üst üste durdukları için dikey diyoruz. Bu dikey sokaklarımıza alfabemizdeki harflerden seçtiğimiz isimleri veriyoruz.

Beyaz taşların solunda a-dikeyi olacaktır. Bundan sonra sırayla; b-dikeyi, c-dikeyi, d-dikeyi, e-dikeyi, f-dikeyi, g-dikeyi, h-dikeyi vardır (Diyagram 2).

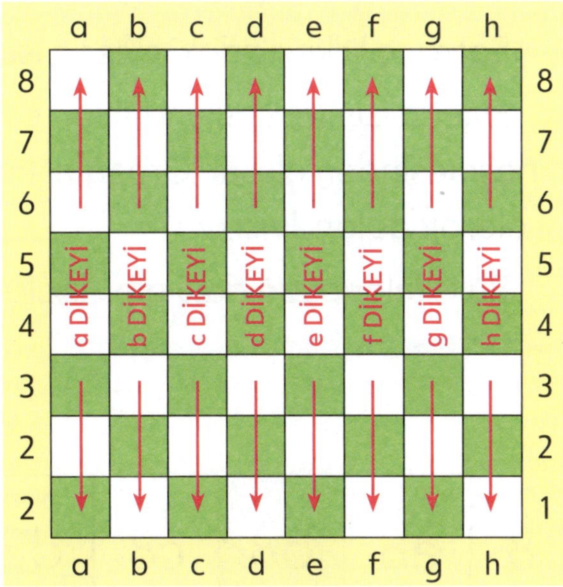

Diyagram 2

Satranç tahtamıza dikkatli baktığınızda ç ve ğ harflerinin olmadığını göreceksiniz.

ÇAPRAZ

Satranç tahtamızdaki beyaz evler beyaz evlerle, siyah evler de siyah evlerle çapraz olarak komşulardır (Diyagram 3 ve Diyagram 4).

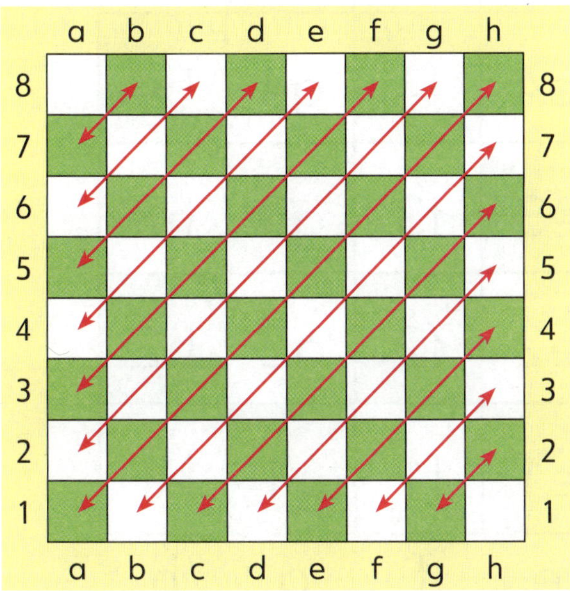

Diyagram 3

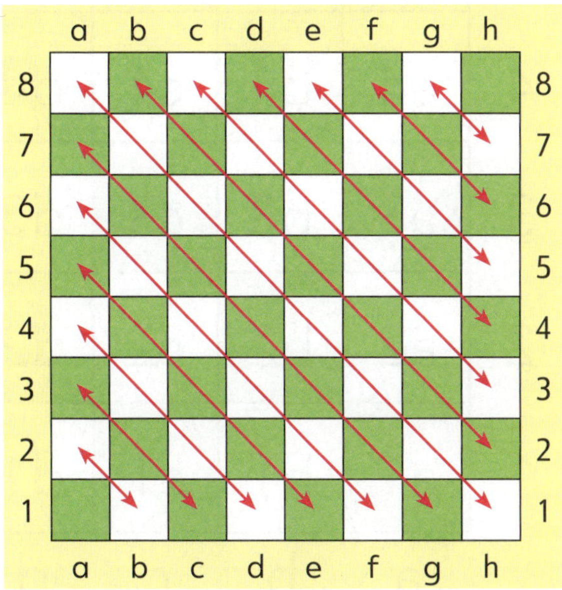

Diyagram 4

SATRANÇ ALFABESİ

Satranç Ülkesi'ndeki evlerin isimlerine satranç alfabesi denir.

Evlerin isimleri, bulundukları dikey ve yatay sokakların isimlerinin birleşmesinden oluşur. Örneğin, f dikeyi ile 4. yatayın kesiştiği yerdeki ev f4 olarak adlandırılır.

Bu isimler aşağıdaki gibi sıralanır ve yazılır.

8	a8	b8	c8	d8	e8	f8	g8	h8
7	a7	b7	c7	d7	e7	f7	g7	h7
6	a6	b6	c6	d6	e6	f6	g6	h6
5	a5	b5	c5	d5	e5	f5	g5	h5
4	a4	b4	c4	d4	e4	f4	g4	h4
3	a3	b3	c3	d3	e3	f3	g3	h3
2	a2	b2	c2	d2	e2	f2	g2	h2
1	a1	b1	c1	d1	e1	f1	g1	h1
	a	b	c	d	e	f	g	h

Kitabımızda, harfleri henüz tanımamış olabileceğinizi düşünerek dikeyde gösterilen harfleri, baş harfiyle başlayan nesneler ile de gösterdik.

a → Araba dikeyi
b → Balık dikeyi
c → Civciv dikeyi
d → Dondurma dikeyi
e → Elma dikeyi
f → Fare dikeyi
g → Gözlük dikeyi
h → Havuç dikeyi

Harfleri tanıyıncaya kadar herhangi bir kare, dikeyinde bulunduğu nesnenin resmi ve yatayındaki rakamıyla gösterilecektir. Örneğin, h4 karesi:  4, d7 karesi:  7... gibi

Satranç dilini kullanabilmek için, satranç alfabesini iyi öğrenmemiz gerekir.

Satranç alfabesine ihtiyaç duyulmasına ilişkin masal şöyleymiş.

Satranç Alfabesinin Masalı

Günün birinde yiyeceklerini toplamak için ortak alana giden piyonlardan bir tanesi satranç ülkesinde kaybolmuş. Kaybolduğunu anlayan piyon, telefonla şahı aramış fakat tam olarak nerede olduğunu tarif edememiş.

Şah, bazı taşları kaybolan piyonu bulmaya göndermiş. Ancak, bu sefer de aramaya çıkan taşlar kaybolmaya başlamış.

Telefonla kaybolduğunu bildiren taşlar da tam olarak nerede olduklarını tarif edemiyorlarmış.

Uzun aramalar sonucu bütün taşlar birbirlerine ulaşmışlar. Sevinç içinde birbirlerine sarılmışlar.

Bundan sonra da kaybolduklarında yerlerini tam olarak tarif edebilmek için satranç ülkesindeki her kareye bir isim vermişler. Bunu bütün taşlara da öğretmişler. Böylece kaybolsalar bile birbirlerine bulundukları karenin ismini söyleyip ulaşabilmişler.

1. BÖLÜM İLE İLGİLİ MİNİK AMA ÇOK GÜÇLÜ SORULAR

1. **Satranç oyunu nasıl bulunmuş ve nasıl ortaya çıkmıştır?**
   a) Çeşitli yeraltı kazıları sonucunda, toprağın çok çok derinlerinden, ortaya zorla çıkarılmıştır.
   b) Siyah ve beyaz halkın birbirlerinin üzümlerini yemelerinden dolayı ortaya çıkmıştır.
   c) Beyaz ve siyah halkın anlamsız bir nedenle savaşmaları ve savaşın yanlış bir şey olduğunu anlayıp yaşadıklarını bir oyuna dönüştürmeleriyle ortaya çıkmıştır,
   d) Şahların çok yemek yemesinden ortaya çıkmıştır.

2. **Satranç oyununun amacı nedir?**
   a) Rakibimizin şahını ele geçirmek.
   b) Rakibimizden daha fazla puan toplamak.
   c) Rakibimizin bütün taşlarını yemek.
   d) Rakibimizin vezirini yemek.

3. **Aşağıdakilerden hangisi satranç oyununda görevli olan taşlarımızdan değildir?**
   a) Şah b) Fil c) At d) Aslan

4. **Satranç tahtasında kaç tane yatay sokak vardır?**
   a) 80 b) 8 c) 5 d) 10.001

5. **Satranç tahtasında toplam kaç tane ev (kare) vardır?**
   a) 8 b) 64 c) 1.000.002 d) Çok sayıda

2. BÖLÜM

SATRANÇ OYUNUNDAKİ KAHRAMANLARIN GÖREVLERİ

PİYON

Piyonların diğer ismi de askerdir. Piyon, oyunun en yavaş taşıdır. Her iki halkta sekizer tane vardır.

Piyonlar, satranç oyununda görev yapan bütün taşların önündeki sırada yan yana dizilirler. Buna göre, beyaz piyonlar ikinci yatayda, siyah piyonlar ise yedinci yatayda dururlar (Diyagram 5).

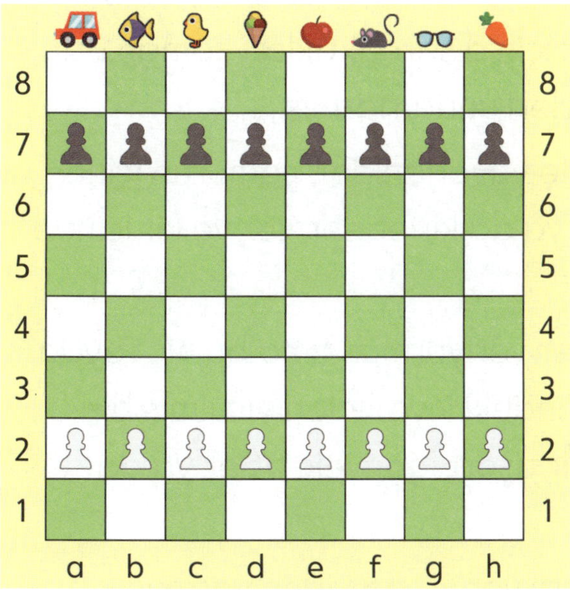

Diyagram 5

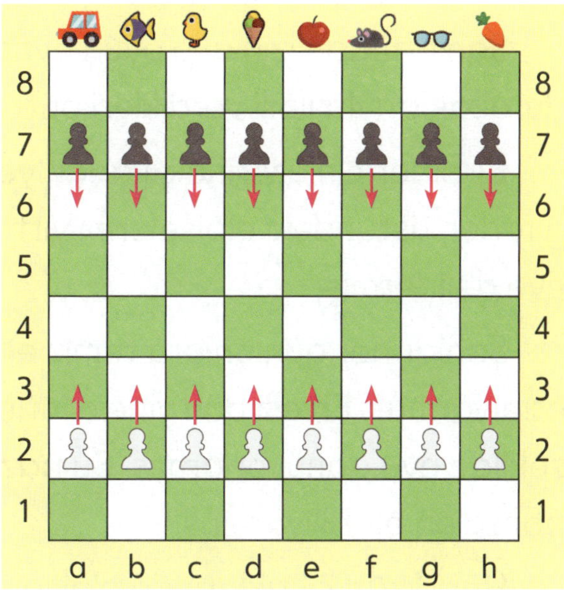

Diyagram 6

Askerler (piyonlar) yanlızca ileriye gidebilirler (beyaz piyonlar 8. yataya doğru, siyah piyonlar da 1. yataya doğru ilerleyebilirler).

Hareketleri çok yavaştır, birer adım atarak ilerlerler. Kesinlikle yana, çapraza ve geriye gidemezler (Diyagram 6).

İki halkın yaşadıkları acı deneyimden sonra bunu bir oyuna dönüştürdükleri masalı hatırlıyorsun değil mi?

Şahlar, oyunu oynayabilmek için herkese yetenekleri doğrultusunda görevler vermiş. Zamanla oynadıkları oyunun kuralları oluşmuş. Böylece binlerce yıldan beri bu kurallarla oynanır olmuş.

Taşların neden bu kurallar doğrultusunda hareket edebildiklerinin masalları kulaktan kulağa yayılmış.

Örneğin, piyonların neden böyle yalnızca birer adım atarak yavaş gittiğini merak ediyor musun?

O zaman sana hemen bunun masalını anlatayım.

Piyonların Birer Adım Atma Masalı

Satranç ülkesindeki şahın askerleri çok yaramazlık yaparlarmış.

Şahlarından izin alıp oyun oynamak için dışarı çıktıkları zaman uslu duracaklarıyla ilgili verdikleri bütün sözleri unuturlarmış.

Birbirlerinin üzerine çıkarlar, yerlerde yuvarlanırlar, çamurun içine girerler, üstündeki elbiselerini yırtarlar ya da kirletirler, ter ve kir içinde eve gelirlermiş.

Şahlar her gün onlara temiz elbiseler veriyormuş ama bu hiç fayda etmiyormuş. Ertesi gün yine elinde üstündeki kıyafetleri yırtılmış bir şekilde eve dönüyorlarmış. Bu bazen bir tişört, gömlek, atlet ya da pantolon olabiliyormuş.

Her dışarı çıktıklarında elbiseleri yırtılıyor ya da kirleniyormuş.

Artık şahlar askerlerine elbise diktirecek kumaş bile bulamamaya başlamışlar. Tam bu sırada şahların aklına bir fikir gelmiş!

"Askerlerimize demirden elbiseler yapalım!" diye düşünmüşler.

Böylece, artık ne elbiseler yırtılacak ne de kirlenme sorunu olacakmış. Demirden elbiseler, kirlenseler bile silinebileceklermiş.

Askerler bu elbiseleri giydiklerinde, kendilerini güçlü birer kahraman gibi hissetmişler. Bu yüzden askerler bu yeni demir elbiselerini çok sevmişler. Ancak, ufak bir sorun varmış. Demir ağır olduğu için, bu elbiseleri giyen askerlerimiz artık eskisi kadar hızlı hareket edemiyorlarmış. Bu yüzden yavaş bir şekilde ve yalnızca ileriye doğru düz bir adım atarak gidebiliyorlarmış. Ancak, askerler elbiselerini o kadar çok, o kadar çok sevmişler ki, sonunda elbiselerini giyebilmek için, yavaş ilerlemeye bile razı olmuşlar.

Şimdi satranç oyununda piyonların bir başka özelliğini daha öğrenelim.

Bütün piyonlar yalnızca ilk adımlarında isterlerse "iki adım" ilerleyebilirler. Buna göre, beyaz piyonlar 4. yataya kadar, siyah piyonlar ise 5. yataya kadar "iki adım" ilerleyebilirler. İki adım ilerleme hakkını kullanan piyonlar, daha sonra yine birer adım ilerleyebilir (Diyagram 7).

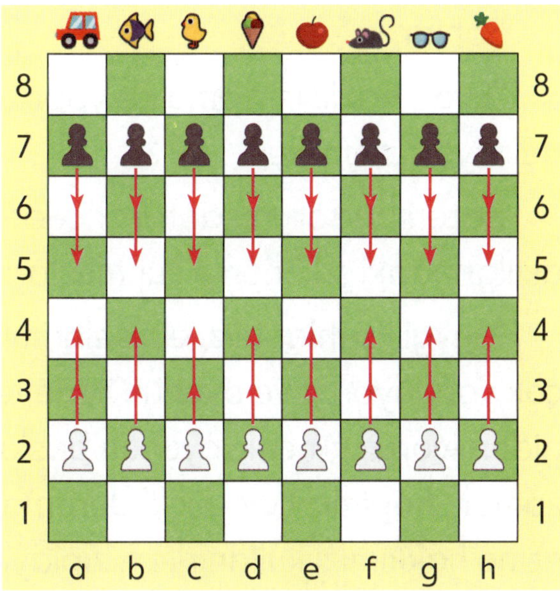

Diyagram 7

Bu özelliğinin nasıl gerçekleştiğini öğrenmek istiyorsan hemen sana bunun masalını anlatayım.

Piyonların İlk Adımlarında İki Adım Atma Masalı

Demir elbiseleriyle hızlı hareket edemeyen askerlerimiz şahlarına şikâyette bulunmuşlar ve "Sevgili şahlarımız, biz elbiselerimizi çok seviyoruz, ama sizce de çok yavaş hareket etmiyor muyuz?" demişler.

Şahlar,

"Evet, haklısınız ama ne yapabiliriz ki, doğrusu aklımıza hiç bir şey gelmiyor." demişler.

Zaten bu sorunu daha önceden düşünen piyonlar hemen şahlarına akıllarındaki şu öneriyi sunmuşlar:

"Sevgili şahlarımız, elbiselerimiz çok ağır olduğu için, biz zaten çok yoruluyoruz ve oyunun ilerleyen zamanlarında istesek de hızlı gidemiyoruz. Ancak, oyunun başlangıcında ilk hareket edeceğimiz zaman, hepimiz çok güçlü durumda oluyoruz. Siz, eğer bize, ilk hareket etme hakkımızı kullanırken, zıplayarak iki kare ilerleme izni verirseniz biz çok daha mutlu olacağız."

Piyonların bu çok zekice önerisini duyan şahlarımız;

"Aferin size akıllı piyonlarımız. Çok güzel düşünmüşsünüz. O halde bundan sonra bütün piyonlar, ilk hareketlerinde, eğer isterlerse tabi, sanki ayaklarının altında bir yay varmış gibi zıplayarak, iki adım ileriye ilerleyebilirler." demişler.

PİYONLARIN KİLİTLENMESİ

Bir piyonun önüne karşı takımdan bir piyon gelirse bu iki piyon kilitlenir.

İki piyon da ileri gidemedikleri için, sanki aralarında bir duvar varmış gibi olur (Diyagram 8).

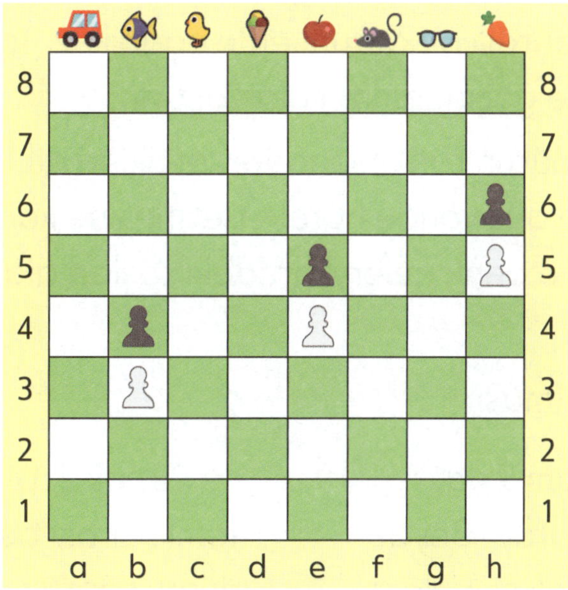

Diyagram 8

Satranç oyunumuzda geriye gidemeyen tek taş piyondur. Piyon geri gidemez.

TAŞ ALMAK (YEMEK)

Satranç oyununda rakibin taşlarını oyun dışına çıkartabiliriz. İşte buna taş almak ya da taş yemek diyoruz. Bir taş, rakip taşın bulunduğu eve (kareye) giderse o taşı almış (yemiş) olur.

Satranç oyununda, rakibimizin aldığı taşlar ya da bizim aldığımız taşlar oyun dışına çıkabilir. Taş aldığımız zaman, rakibimizin oyundaki bir taşını eksilterek avantajlı bir durum elde edebiliriz. Taş almak, yalnızca rakibimizin şahını ele geçirmemizi kolaylaştırır.

Piyon dışındaki bütün taşlar, hareket ettikleri gibi taş alma özelliğine sahiptirler. Piyon ise düz yönde hareket etmesine karşın, bir adım ilerisindeki çaprazına denk gelen karedeki taşları alabilir.

Piyonların Taş Alması

Örnek 1: Diyagram 9'da, hamle sırası beyazlarda. Beyaz piyon, çapraz giderek siyahların piyonunu alabilir.

Örnek 2: Diyagram 10'da, hamle sırası beyazlarda. Beyaz piyon, çapraz giderek siyahların piyonunu alabilir.

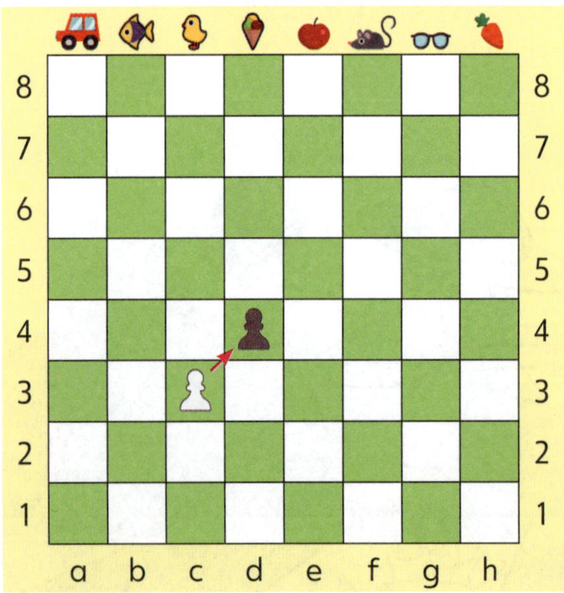

Diyagram 9

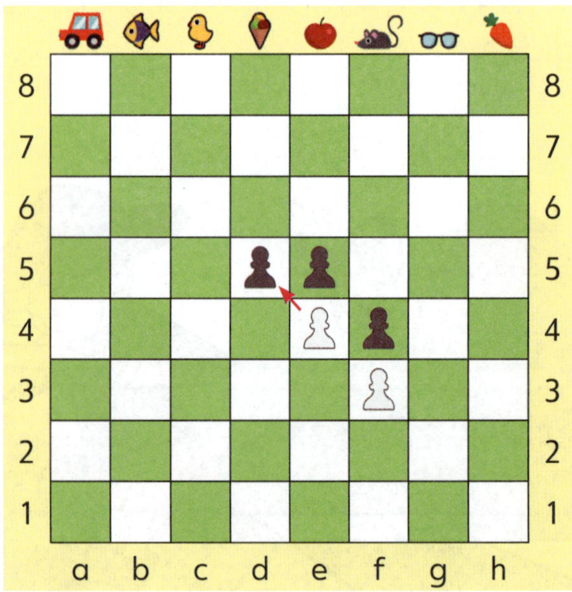

Diyagram 10

KALE

Kaleler, satranç oyununda yalnızca düz gidebilen taşlardır.

Her iki halkta ikişer tane vardır.

Kaleler satranç tahtasının köşelerinde otururlar. Oyunun başlangıcında beyaz halkın kaleleri 1. yataydaki köşelerdeki evlerde, siyah halkın kaleleri ise 8. yataydaki köşelerdeki evlerde otururlar (Diyagram 11).

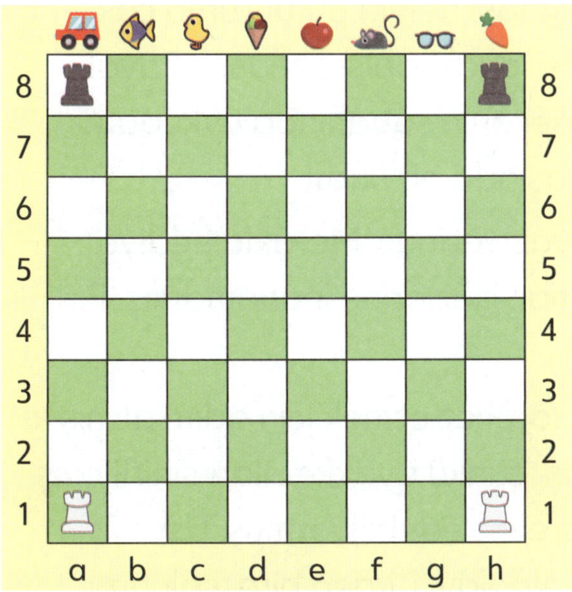

Diyagram 11

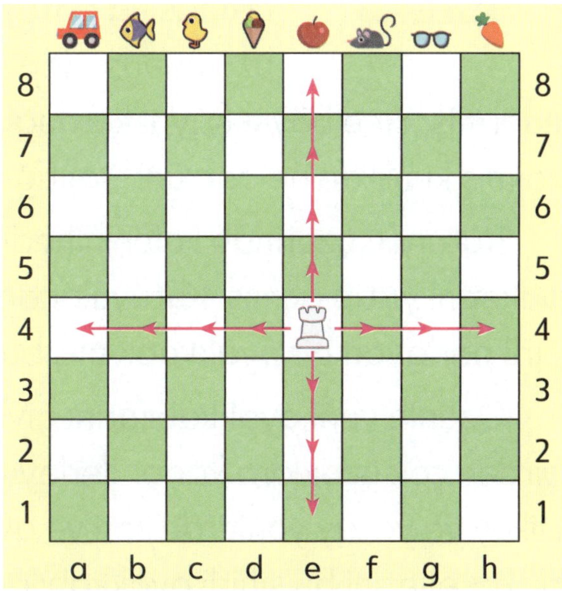

Diyagram 12

Kaleler yatay ve dikey olarak, sağa, sola, ileriye ve geriye doğru her yönde istedikleri kadar düz ilerleyebilirler, ama çapraz yönde bir adım bile ilerleyemezler (Diyagram 12).

Kaleler, satranç oyununda yalnızca düz gidebilen taşlardır. Her iki halkta ikişer tane vardır.

Kalelerin neden yalnızca düz gidebileceğini merak ediyor musun? O zaman sana hemen bunun masalını anlatayım.

Kalenin Düz Gitme Masalı

Satranç oyunundaki kaleler köşelerdeki bekçilermiş. Elindeki dürbünüyle etrafı gözetler, uzaktan gelebilecek tehlikeleri arkadaşlarına haber verirlermiş. Bunun için etrafta bir o yana bir bu yana koşturup dururlarmış. Zamanla sürekli koşuşturmaktan dolayı ayakkabıları eskimiş ve yırtılmış. Ayakkabısından patates çıkmış. (Çorabımızın yırtılmasından dolayı ayak başparmağımızın dışarı çıkmasına patates çıkması denir.) Bu duruma çok üzülürmüş. Hep yeni bir ayakkabısı olmasını hayal edermiş. Yine böyle hayal kurduğu bir gecenin sabahında uykudan kalmış ki bir de ne görsün! Yastığının başında bir kutu!

Kutunun üzerinde kalenin hediyesi yazıyormuş. Merakla hediye paketini yırtıp açmış. Kutuyu açtığı zaman gözlerine inanamamış. Pırıl pırıl parlayan bir ayakkabıymış bu.

Özenle yeni ayakkabılarını giymiş. Hareket etmek için adım atmış ki birden çok uzaklara kadar ilerleyivermiş, çünkü ayakkabıları sihirliymiş. Dikey ve yatay yönlerde ileri ve geri hareket edebiliyormuş. Üstelik bu hareketini bu sihirli ayakkabılarından dolayı birden bire, çok hızlı bir şekilde yapabiliyormuş. Bu ayakkabılarıyla sanki paten kayar gibi hemencecik hızla gidebiliyormuş.

Ayakkabı kutusunda bakmış. Kutunun içindeki notta şöyle yazıyormuş:

"Sakın çapraz gitme! Ayakkabılarının sihri bozulur."

İşte bu yüzden, yani ayakkabılarının sihrinin bozulmaması için çapraz gitmemiş. Çapraz gitmeye kalkarsa sihirli ayakkabılarının sihrinin bozulacağından ve tekrar eski yırtık bir ayakkabıya dönüşeceğinden korkmuş. (Üstelik patatesi de tekrar çıkabilir!)

Biz de o yüzden kale ile sakın çapraz gitmeyelim.

Kalenin Taş Alması

Örnek 1: Diyagram 13'te, hamle sırası siyahlarda. Siyah kale, yatay yönde hareket ederek beyazların piyonunu alabilir.

Örnek 2: Diyagram 14'te, hamle sırası beyazda. Beyaz kale, dikey yönde hareket ederek siyahların kalesini alabilir.

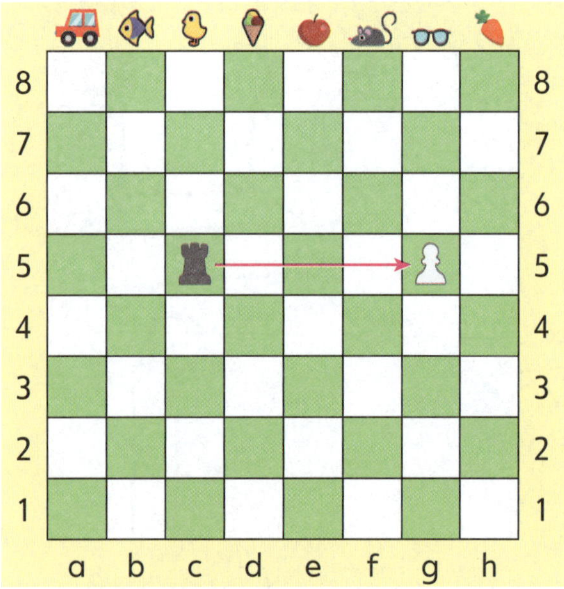

Diyagram 13

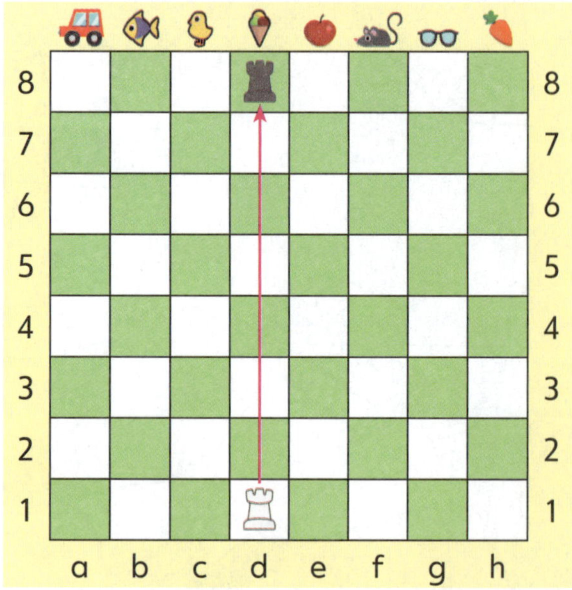

Diyagram 14

FİL

Filler, satranç oyununda çapraz hareket edebilen taşlardır.

Her iki halkta ikişer tane vardır.

Filler, satranç tahtasında vezirlerin ve şahların yanlarında otururlar. Oyunun başlangıcında beyaz halkın filleri 1 (c1) ve 1 (f1) evlerinde, siyah halkın filleri ise 8 (c8) ve 8 (f8) evlerinde otururlar (Diyagram 15).

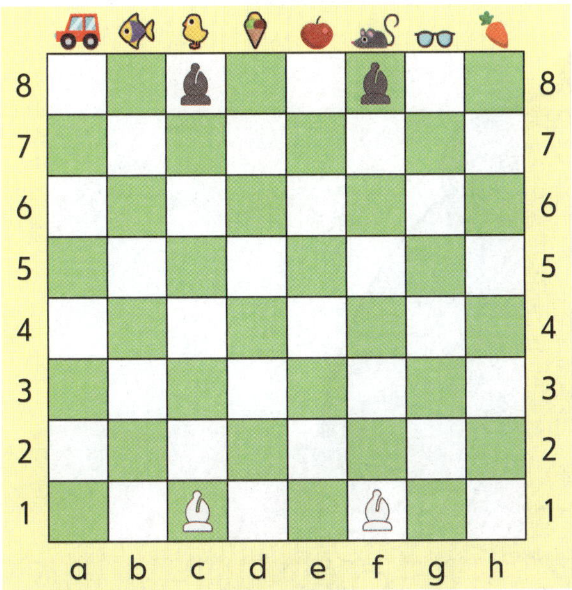

Diyagram 15

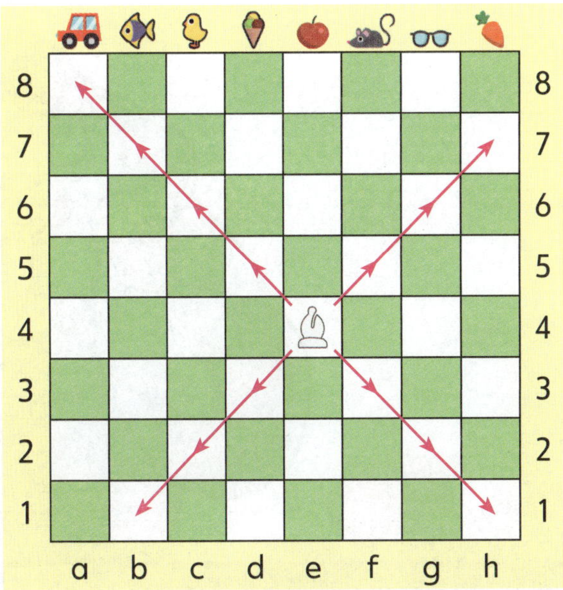

Diyagram 16

Filler sağa, sola, ileriye ve geriye doğru her yönde yalnızca çapraz olarak, istedikleri kadar ilerleyebilirler, ama düz ya da yan yönde bir adım bile ilerleyemezler (Diyagram 16).

Fil ile kalenin hareketleri birbirlerine hiç benzemez.

Fillerin neden yalnızca çapraz gidebileceğini merak ediyor musun? O zaman sana hemen bunun masalını anlatayım.

Fillerin Çapraz Gitme Masalı

Şahlarımız, satranç oyununun görevlerini dağıtırlarken, bir de bakmışlar ki filler çok neşeli ve mutlu bir şekilde, hiç ses çıkarmadan bir köşede oynuyorlar.

Şahların ilgisini çeken fillerden birisi, buz evinde oturmuş bembeyaz karda oynuyor, buzda kayıyor ve kardan adam yapıyormuş.

Diğer fil ise orman evinde yemyeşil çimenlerin üstünde geziniyor, dondurma yiyiyor, sıcacık güneşin tadını çıkartıyormuş.

Bunu fark eden şahlarımız, fillere;

"Hey, siz orada ne yapıyorsunuz?" diye sormuşlar.

Filler de "En sevdiğimiz şeyleri yapıyoruz." diyerek yanıtlamışlar.

Şahlar, "Neymiş o en sevdiğiniz şeyler?" diye sorunca, filler hepsi bir ağızdan konuşarak,

"Biz yalnızca çapraz yönde ve kendi evlerimizin rengindeki evlere gidebiliriz." demişler. Bunun üzerine şahlar kafa kafaya verip iyice düşündükten sonra filleri çağırıp şöyle demişler:

"Bakın bizim güzel ve neşeli fillerimiz. Biz aslında sizin için başka bir görev düşünüyorduk, ama gördük ki sizin severek yaptığınız şeyler başka. İyice düşünüp yeni bir plan yaptık. Sizin için düşündüğümüz görevin özellikleri şöyle, iyice kulaklarınızı açın ve dinleyin: Sizlerden karda oynamayı sevenlerinizi yalnızca buz evlerinde hareket etmek üzere bir görev verdik. Orman evlerinde çiçek toplamayı sevenleriniz ise yalnızca orman evlerinde gezerek görev yapacak. Anladığınız gibi, her biriniz yalnızca sevdiğiniz evlerde dolaşacaksınız. Bu da demek oluyor ki, sizler satranç oyununda sürekli çapraz yönde hareket edebileceksiniz. Sakın ola diğer fillerin gezdiği evlere geçmeyin. Eğer ormanlardan giden filimiz yanlışlıkla kendi orman evlerinden (siyah karelerden) çıkıp buz evlerine (yani beyazlara) geçecek olursa, buz gibi donup kalır ve heykel olur. Benzer şekilde, buz evlerinde oturan fillerimiz kendi evlerinden (beyaz karelerden) çıkıp orman evlerine (yani siyahlara) geçecek olursa birden soğuktan sıcağa geçtiği için ateşi yükselip hasta olabilir."

Sakın bunları unutmayın! diyerek görevlerini açıklamışlar.

O günden sonra bizim neşeli fillerimiz yalnızca kendi oturdukları evlerin rengindeki çapraz yönde hareket etmişler.

Orman evlerinden giden bir fil, buz evlerine geçerse işte böyle donar.

Buz evlerinden giden bir fil, orman evlerine geçerse
işte böyle hasta olur.

Filin Taş Alması

Fil, çapraz yönde ilerisindeki ya da gerisindeki rakip taşları alabilir. (yiyebilir)

Örnek 1: Diyagram 17'de, hamle sırası beyazlarda. Beyaz fil, çapraz yönde hareket ederek siyahların kalesini alabilir.

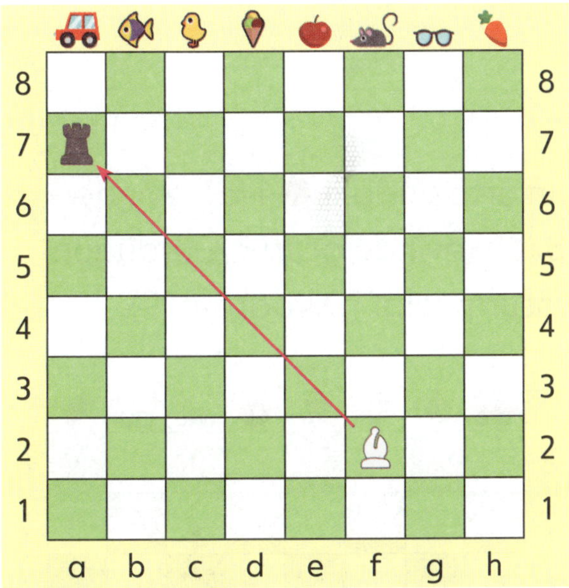

Diyagram 17

Örnek 2: Diyagram 18'de, hamle sırası beyazda. Beyaz fil, çapraz yönde hareket ederek siyahların piyonunu alabilir.

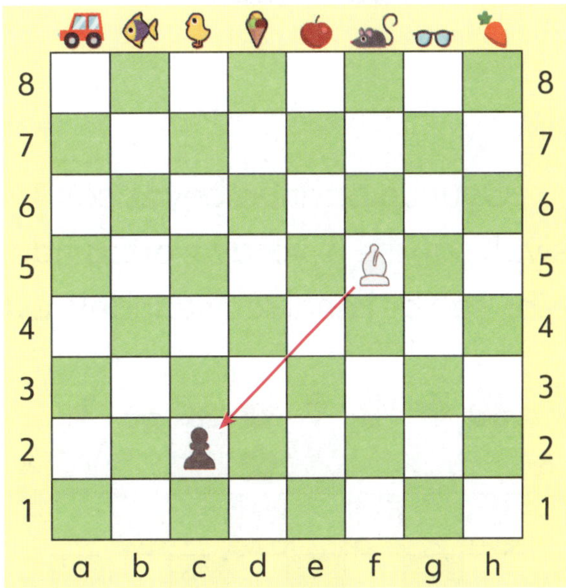

Diyagram 18

ŞAH

Şah, satranç oyununun kralıdır. Yani satranç oyununun en önemli taşıdır.

Her iki halkta birer tane vardır.

Oyunun başında beyaz şah 1. yatayın ortasındaki 1 (e1) evinde, siyah şah ise 8. yatayın ortasındaki 8 (e8) evinde oturur. Gördüğün gibi, şahlar kendi renklerindeki evlerde oturmazlar (Diyagram 19).

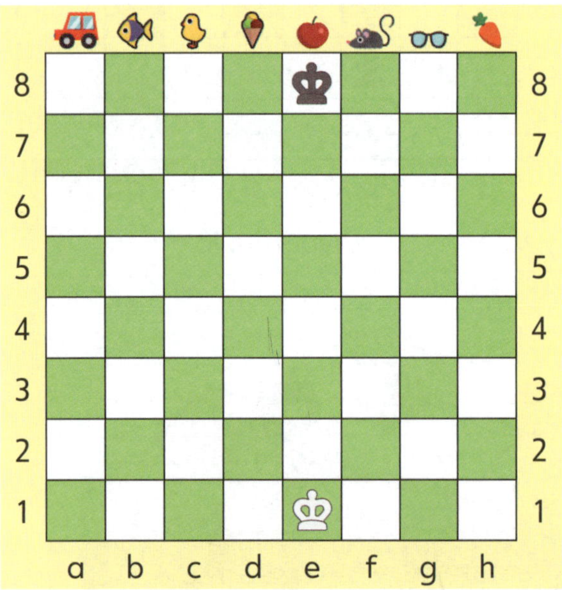

Diyagram 19

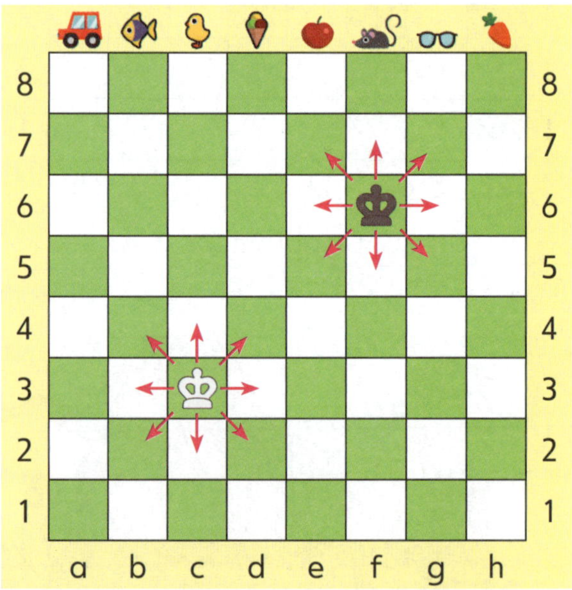

Diyagram 20

Şah, yalnızca bir adım atarak, her yöne gidebilir. Bir adım dikey, bir adım yatay ya da isterse bir adım çaprazındaki evlerden istediği birine gidebilir (Diyagram 20).

Şahlar çok yavaş hareket ederler. Bu kadar yavaş hareket ettikleri için şahlar kaplumbağalara benzerler. Şahların neden kaplumbağalar gibi yavaş gittiğini merak ediyor musun? O zaman sana hemen bunun masalını anlatayım.

Şahların Yavaş Gitmesinin Masalı

Satranç oyununun kurallarını düzenleyen şahlar, masalarından hiç kalkmadan günlerce bu iş için çalışmaya başlamışlar. Kimlere ne görev vereceklerini uzun uzun düşünmüşler. Ancak, hiç hareket etmeden, sürekli yemek yedikleri için, farkında olmadan göbekleri kocaman olmaya başlamış. Sonunda o kadar çok yemek yemeye başlamışlar ki, görenler "şahlarımız amma da obur oldu" demişler.

Şahlarımız o kadar oburlaşmış ki, durmadan yemek yiyorlarmış. Yemeklerini yiyorlarmış sonra tekrar yemek istiyorlarmış, sonra tekrar, tekrar, yemek yiyorlarmış ve sonunda göbekleri kocaman bir balon gibi olmuş. Kocaman göbeklerinden dolayı neredeyse önlerini bile göremez olmuşlar.

Koca göbeklerini kaldırmakta zorlanan şahlarımızın yürümesi iyice yavaşlamış ve bir kaplumbağanın yürüyüşüne benzemeye başlamış. Şahları gören çocuklar "şahlarımız kaplumbağaya benziyor" diyerek onlara gülüyormuş.

İşte bu sırada, farkında olmadan şahlarımız kendi hareketlerini de bulmuşlar. Satranç oyunumuzdaki şahlarımız, koca göbekleriyle zıplayamayacaklarını ve iyice yaşlandıklarından dolayı hızlı hareket edemedikleri için satranç oyunundaki hareketlerinin de bir adım yavaş olması gerektiğine karar vermişler.

Şimdi neden şahlarımızın yalnızca bir adım ilerleyebildiğini anladın mı?

Şahların ne kadar önemli taşlar olduğunu anlamamız için, oyunumuzun amacını hatırlaman gerekiyor. Biliyorsun ki, oyunumuzdaki tek amacımız rakibimizin şahını ele geçirmek. Aynı şekilde rakibimiz de bizim şahımızı ele geçirmek isteyeceği için, şahımızı çok iyi korumalıyız.

Bilmemiz gereken bir kuralımız da, iki şahın kesinlikle yan yana gelemeyeceğidir. Her taş yan yana gelebilir ama şahlar (çapraz da olsa) kesinlikle yan yana gelemez (Diyagram 21).

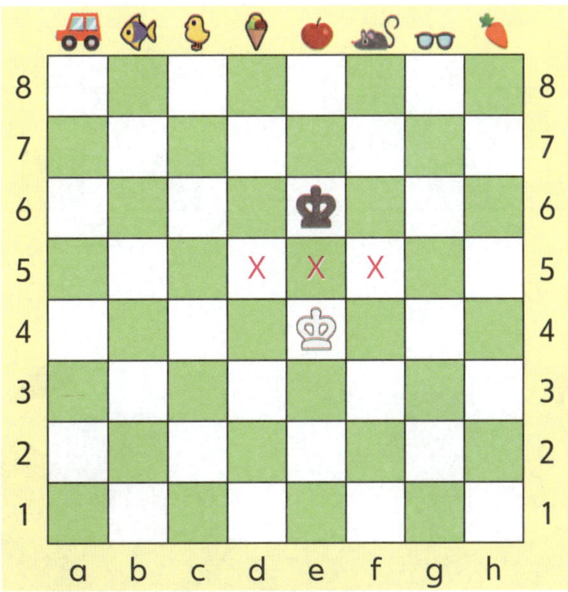

Diyagram 21

Zaten biraz mantıklı düşünürsek, iki koca göbekli şah yan yana gelirse koca göbekleri birbirlerine çarpıp şahların yere düşeceklerini anlarız, öyle değil mi?

Şahın Taş Alması

Şah, bir adım dikey, yatay ya da çapraz yönünde ilerisindeki ya da gerisindeki rakip taşları alabilir (yiyebilir). Şah, rakip taşlar tarafından korunan taşı alamaz.

Örnek 1: Diyagram 22'de, hamle sırası siyahlarda. Siyah şah, çapraz yöne bir adım giderek beyazların kalesini alabilir.

Örnek 2: Diyagram 23'te, hamle sırası beyazda. Beyaz şah, dikey yönde hareket ederek siyahların piyonunu alabilir.

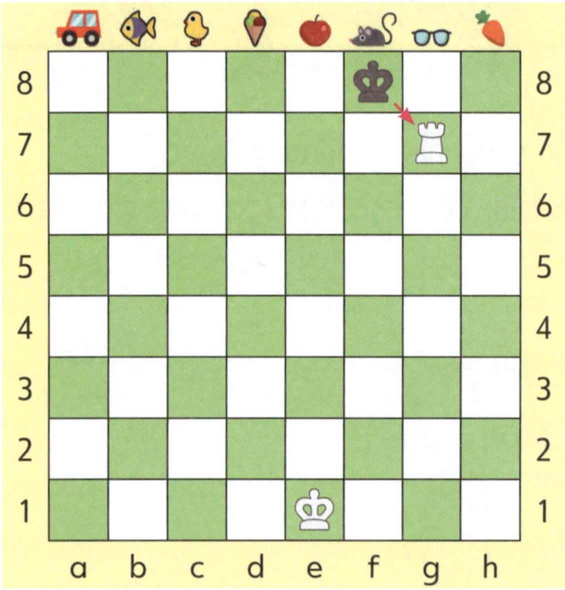

Diyagram 22

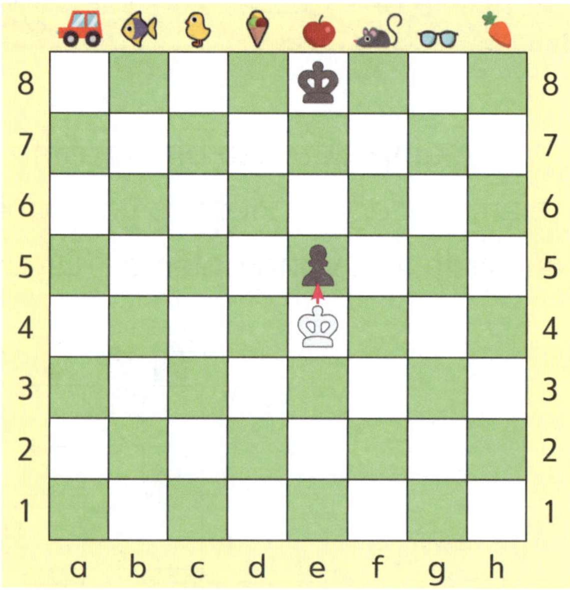

Diyagram 23

Örnek 3: Diyagram 24'de, hamle sırası beyazda. Beyaz şah, 4 (d4) karesindeki siyah piyonu alamaz. Çünkü piyon fil tarafından korunmaktadır.

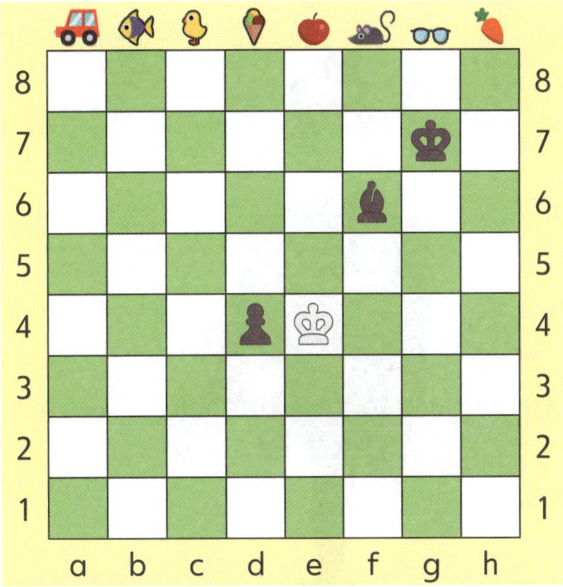

Diyagram 24

Dikkat ederseniz satranç tahtasından hiçbir zaman şahları çıkartmadığımızı görürsünüz. Şahsız bir oyun olamaz. Şahın zaten o koca göbeğiyle ortadan kaybolmaması gerekir. Şah bizim her şeyimizdir. Ona hep dikkat etmelisiniz!

VEZİR

Vezir, satranç oyununun en güçlü ve en hızlı taşıdır.

Her iki halkta birer tane vardır.

Vezirler kendi renklerindeki evleri çok severler. Bu yüzden oyunun başlangıcında beyaz vezir; 1 (d1) evinde, siyah vezir 8 (d8) evinde oturur (Diyagram 25).

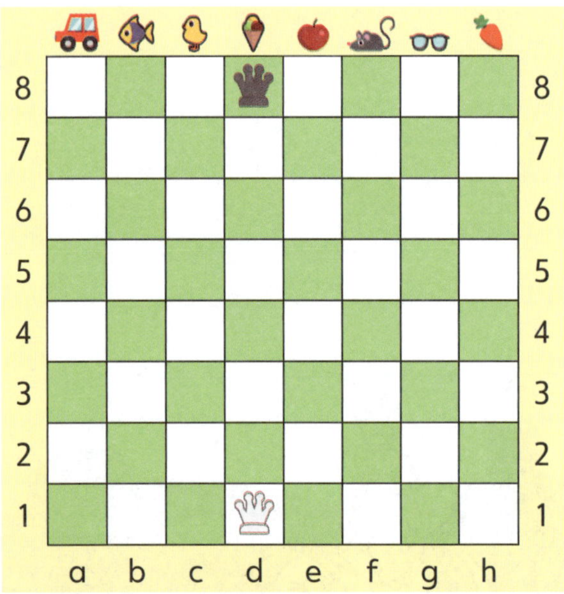

Diyagram 25

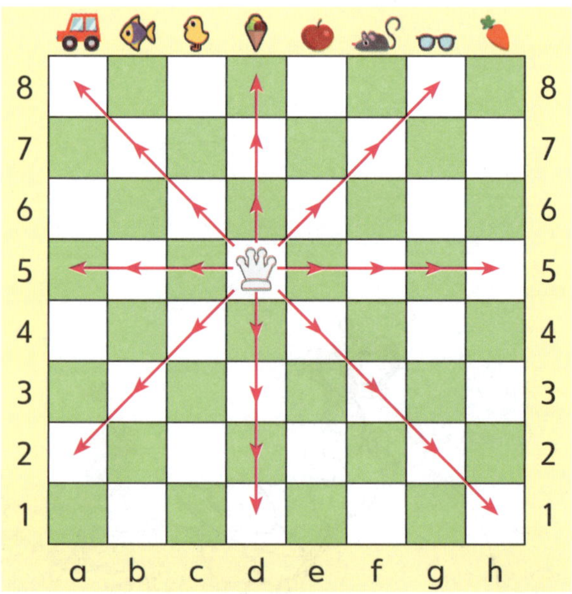

Diyagram 26

Vezirler o kadar hızlıdır ki, yatay, dikey ve çapraz yönlerde istedikleri kadar ilerleyebilirler (Diyagram 26).

Vezirler de diğer taşlar gibi yalnızca sırayla birer hamle yapabilirler. Bu yüzden, vezirlerin bir hamlede tek bir yönde hareket edebileceğini aklından çıkarmamalısın.

Vezirlerimizin neden bu kadar hızlı hareket ettiklerini merak ediyor musun? O zaman sana hemen bunun masalını anlatayım.

Vezirlerin Hızlı Hareket Etme Masalı

Şahlar, iyice yaşlandıktan ve tombullaştıktan sonra, ülkelerini ve saraylarını kontrol etmekte zorlanır olmuşlar. Günlerden bir gün, koca göbekleri yüzünden hareket etmekte zorlanan yaşlı şahlar, artık ülkelerini yeterince iyi yönetemedikleri gerçeğini kabul etmişler. Kendilerine hızlı koşabilen, cesur ve akıllı birer yardımcı aramaya başlamışlar.

Ülkelerinin dört bir yanına haber göndermiş ve yarışmalar düzenlemişler. Yarışmalara birçok kişi katılmış. Sonunda bu yarışmaların hepsini kazanan, ülkesinin en hızlı koşan, en güçlü ve en akıllı kişilerini bulmuşlar. Onlara "Vezir" adını vermişler. Bu özellikleriyle vezirler, şahların en güvendikleri ve en çok iş yapan yardımcıları olmuşlar. İşte o günden sonra satranç oyunumuzda vezirler, şahların yanında durup, onların en çok güvendikleri yardımcısı olmuşlar. Böylece oyunumuzun en önemli ikinci kahramanı da vezir olmuş.

Vezirin Taş Alması

Vezir, dikey, yatay ya da çapraz yönünde ilerisindeki ya da gerisindeki rakip taşları alabilir (yiyebilir).

Örnek 1: Diyagram 27'de, hamle sırası beyazlarda. Beyaz vezir, çapraz yönde hareket ederek siyahların kalesini alabilir.

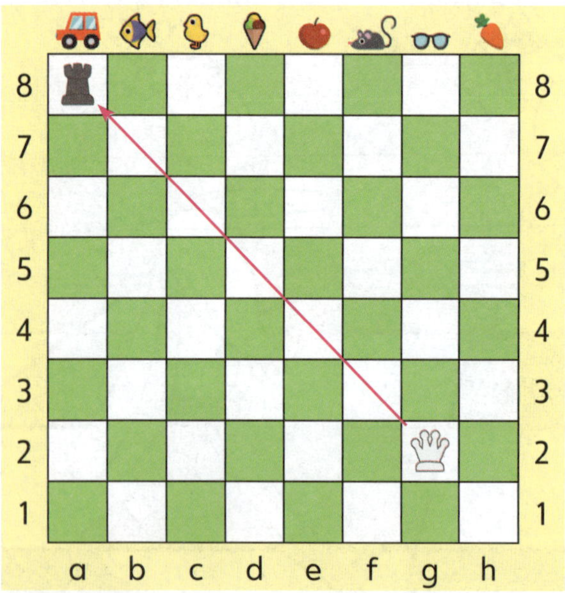

Diyagram 27

Örnek 2: Diyagram 28'de, hamle sırası beyazda. Beyaz vezir, dikey yönde hareket ederek siyahların filini alabilir.

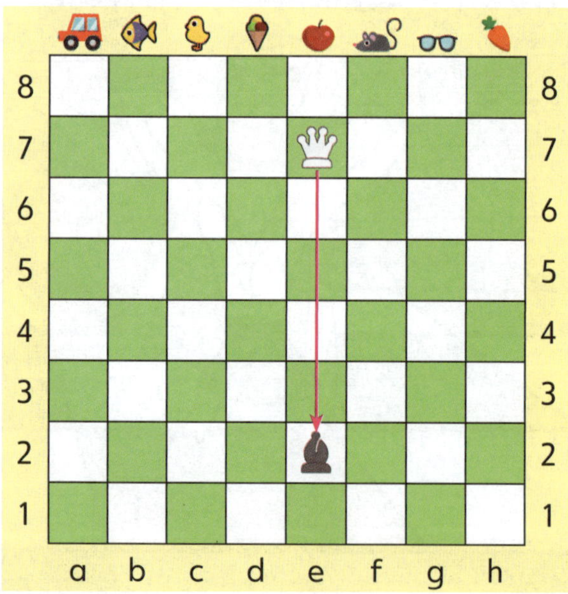

Diyagram 28

AT

At, satranç oyunumuzdaki en ilginç taştır. Öyle ki, onun hareketi başka hiçbir taşın hareketine benzemez. Her iki halkta ikişer tane vardır.

Atlar, kalelerin hemen yanında dururlar. Oyunun başlangıcında beyaz halkın atları 1 (b1) ve 1 (g1) evlerinde, siyah halkın atları ise (b8) ve 8 (g8) evlerinde otururlar (Diyagram 29).

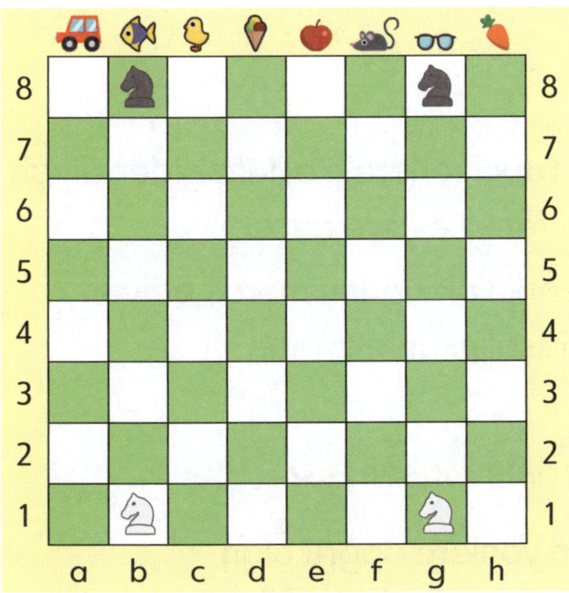

Diyagram 29

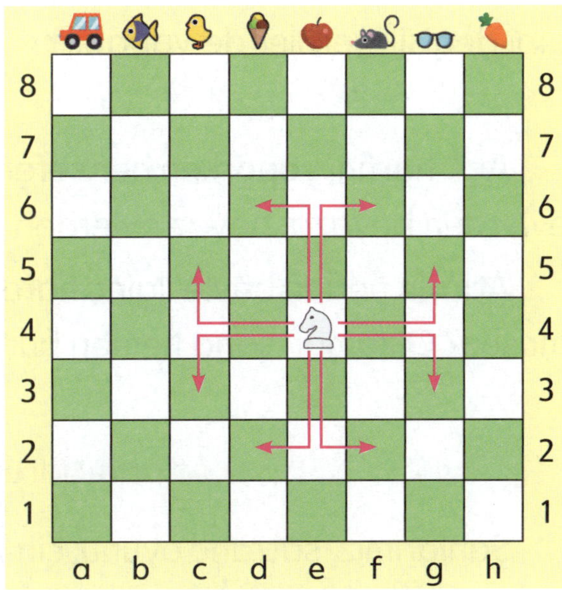

Diyagram 30

Atlar "Dıgıdık dıgıdık" diye "L" harfi şeklinde hareket eder. At, önce iki ev sola ya da sağa, üste ya da geriye doğru gider, sonra da istediği tarafa doğru bir adım yan gider ve hareketini tamamladığında bir "L" harfi çizmiş gibi ilerlemiş olur (Diyagram 30).

Kısaca: iki düz bir yan ya da bir düz bir çapraz şeklinde L harfi çizerek ilerler. Atımızla hareket ederken bir hamlede toplam 3 adım atarak hareket etmiş oluruz.

At L harfini yaparken;

Kapı kolu (┌──) 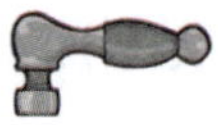

Baston (┌) 

Çorap (┘) 

Bot (└) 

gibi değişik şekiller de yapabilir.

At L harfini yaparken her seferinde farklı renkteki evlere gider. Siyah evlerden beyaza, beyaz evlerden siyah renkli evlere geçer.

Atların neden böyle ilginç hareketlerinin olduğunu merak ediyor musun? O zaman sana hemen bunun masalını anlatayım.

Atların Hareketlerinin Masalı

Şahlarımız, satranç oyunu için bütün yönlere doğru olan hareketlerin sorumlularını belirlediklerinde bir de bakmışlar ki, neşeli atlara görev vermeyi unutmuşlar. Atlar bu duruma o kadar çok üzülmüşler ki "Herkese görevler verildi. Biz şimdi ne yapacağız? Bütün görevler dağıtıldı. Görevsiz kaldık işte..." diyerek oturup bir köşede ağlamaya başlamışlar. Atların bu kadar üzülmesine dayanamayan şahlarımız, özel bir toplantı daha yapıp "Onlara öyle bir görev verelim ki, bu unutkanlığımızdan dolayı bizi affetsinler" diye aralarında konuşmuşlar. Sonunda şahlarımız uzun uzun düşünüp başka hiçbir taşın yapamayacağı bir hareket bulmuşlar ve o hareketi yalnızca atlara görev olarak vermişler. Hemen atların yanına gidip

"Üzülmeyin bizim neşeli atlarımız. Biz size, sevebileceğiniz özel bir görev bulduk." demişler. Atlarımız birden gözyaşlarını silmişler ve meraklı gözlerle, "Gerçekten mi?" demişler.

"Evet, gerçekten." demiş şahlarımız ve eklemişler: "Siz o kadar neşelisiniz ve oynamayı o kadar çok seviyorsunuz ki, bu yüzden size hem düz hem de yan, kıvrıla kıvrıla gidebileceğiniz bir görev bulduk."

"Nasıl yani?" demiş atlar.

"Yani şöyle; iki düz bir yan ya da iki yan bir düz ilerleyip dans edebileceksiniz." diyerek görevlerini açıklamış şahlarımız.

Atlarımız, başka hiçbir taşın yapamadığı bir hareket yapabildikleri için çok sevinmişler ve şahlara teşekkür etmişler. O günden sonra hep güler yüzlü ve dans eden hareketli atlar olarak anılmışlar.

Atın en önemli özelliklerinden birisi taşların üzerinden atlamasıdır. At, bütün engellerin üzerinden atlar. At atlar...

Atın Taş Alması

At, L harfi şekline benzer şekilde hareket ettiği gibi alabilir. (yiyebilir) Üzerinden atladığı taşları alamaz.

Örnek 1: Diyagram 31'de, hamle sırası beyazlarda. Beyaz at, L şeklinde hareket ederek siyahların piyonunu alabilir.

Örnek 2: Diyagram 32'de, at, L şeklinde hareket ederek siyahların filini alabilir. Üzerinden atladığı kaleyi ve piyonu alamaz.

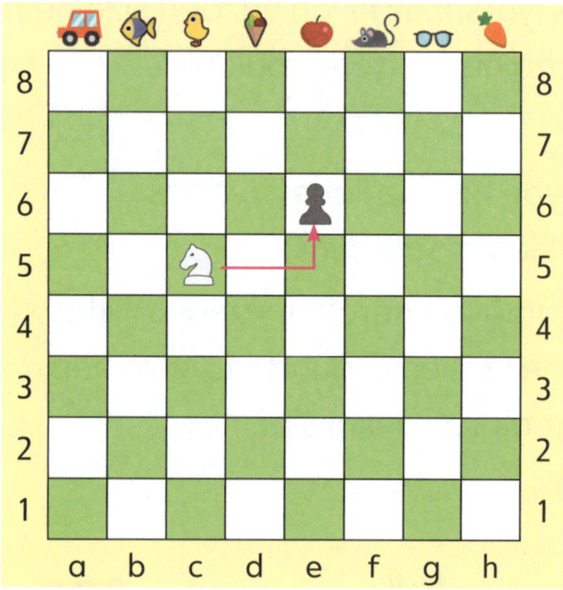

Diyagram 31

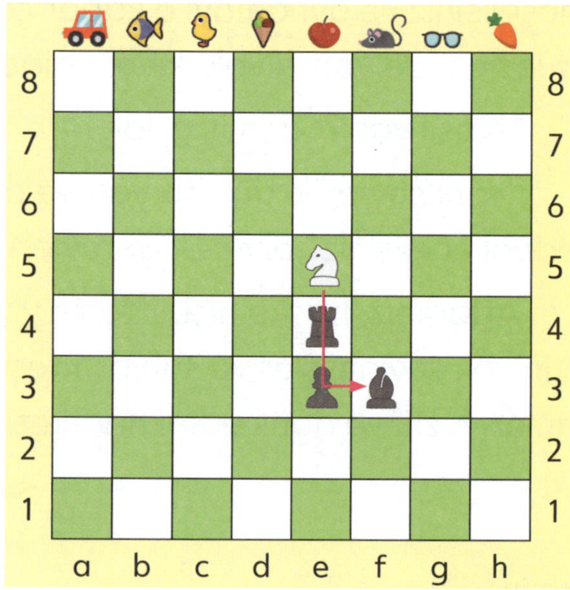

Diyagram 32

Böylece bütün taşların görevlerini belirleyen şahlar, kısa bir süre sonra bütün taşları satranç tahtası üzerinde toplantıya çağırarak, onlara herkesin uyması gereken diğer kuralları anlatmışlar:

"Herkes kendi hareketlerini iyice öğrendi sanıyoruz. Ama bilmeniz gereken birkaç kuralımız daha var. Kuralları dinleyin ve bunları sakın unutmayın. Kurallara uymayan taşlar oyundan çıkarılacaktır."

2. Bölümle ilgili minik ama çok güçlü soruları çözdükten sonra, Satrancın Özel Kurallarını öğrenmek için 3. Bölüme gitmen gerekiyor.

2. BÖLÜM İLE İLGİLİ MİNİK AMA ÇOK GÜÇLÜ SORULAR

1. **Şah nasıl bir taştır ve nasıl hareket eder?**
   a) Zıp zıp zıplayarak ilerler.
   b) Şah; dikey, yatay ve çapraz yönde istediği kadar hızlı ilerler.
   c) Şahın, çok yemek yediği için kocaman göbeği vardır ve bu yüzden şah her yöne ama yalnızca birer adım atarak ilerler.
   d) Şah yalnızca düz ilerler.

2. **Vezir nasıl hareket eder?**
   a) Vezir yalnızca dikey ilerler.
   b) Vezir yalnızca yatay ilerler.
   c) Vezir yalnızca çapraz ilerler.
   d) Vezir; dikey, yatay ve çapraz yönde istediği kadar ilerleyebilir.

3. **Vezir Şah'ın nesi olur?**
   a) Komutanı b) Öğrencisi c) Öğretmeni d) Yardımcısı

4. **Kale nasıl hareket eder?**
   a) Kale, çapraz yönde hareket etmeye bayılan, sessiz sakin bir taştır.
   b) Kale, dikey ve yatay yönde istediği kadar hızlı ilerler.
   c) Kale, yalnızca bir adım atarak düz ve yan yönde ilerleyebilir.
   d) Kale, L şeklinde ilerler.

5. **Hangi taş diğer taşların üzerinden atlayabilir?**
   a) Vezir b) Fil c) Kale d) At

6. **Fil hep çapraz yönde hareket eder; peki ne zaman düz gidebilir?**
   a) Filler, her zaman düz ve yan yönde ilerler.
   b) Filler, çok zor durumda kaldığı zaman bir kere düz ilerleyebilir.
   c) Filler, bir adım ilerlemek koşuluyla düz ilerleyebilir.
   d) Filler, hiçbir zaman düz ilerleyemez.

7. **At, hangi harfe benzer şekilde gider?**
   a) Adı A ile başladığı için, A harfine benzer şekilde ilerler.
   b) L harfine benzer şekilde ilerler.
   c) Hiçbir harfe benzer şekilde değil, uçarak ilerler.
   d) At hiçbir yere gitmez, her zaman evinde oturur.

8. **Piyon neden yavaş ilerler?**
   a) Sabahları geç kalktığı için tembel ve uyuşuk olduğundan.
   b) Önde giden piyonun elbisesinden arkadakiler çekiştirdiği için yavaş ilerler.
   c) Giydiği ağır demir elbise yüzünden yavaş ilerler.
   d) Piyon yavaş ilerlemez ki, yuvarlanarak hızla ilerler.

9. **Piyonlar iki adım ilerleme hakkını ne zaman kullanabilirler?**
   a) İlk adımlarında
   b) Canları ne zaman isterse o zaman
   c) Kovalamaca oynarken
   d) Böyle bir hakları yoktur.

10. **Hangi taş, yalnızca kendi oturduğu evin rengindeki evlere gidebilir?**
    a) Şah b) At c) Fil d) Kale

3. BÖLÜM

SATRANCIN ÖZEL KURALLARI

TAŞLARIN DİZİLİŞİ

Taşların hareketlerini öğrenirken, hangi karelerde olmaları gerektiğini öğrenmiştik.

Peki, taşların neden böyle dizildiğini merak ediyor musun? O zaman sana hemen bunun masalını anlatayım.

Taşların Diziliş Masalı

Şah "Herkes sıraya girsin." demiş.

Taşlar birbirlerini itip kakmaya başlamışlar.

"Ben önde olmalıyım." demiş fil.

Kale ise "Benim boyum daha kısa. Ben öne geçmeliyim" demiş.

Vezir de demiş ki "Ben bugün başkanım. Ben önde olmalıyım."

At "Olur mu hiç! Ben senden yaşça daha büyük sayılırım, ben öne geçiyorum. İtiraz istemem" demiş. Kimi taşlar ise pek sıraya girmeye niyetli değilmiş gibi satranç tahtasında yatmayı tercih ediyormuş.

Piyonlardan bir tanesi "Boy sırası mı olacağız? Yoksa numara sırası mı? Yoksa kilo sırası mı? Yoksa yemek sırası mı?" diye soru sormak için bağırmış şahına.

Satranç tahtasında büyük bir gürültü ve kargaşa varmış.

Şah, düdüğünü çalmış.

Birden sessizlik olmuş.

"Kaleler köşelere geçsin" demiş şah.

"Atlar kalelerin yanına, onların yanlarında ise filler, vezir kendi renginde olan ortadaki kareye geçecek. Hemen yanında da ben olacağım. Piyonlar da bütün taşların önlerine dizilecekler. Bu bizim başlangıç sıramız. Kimse bunu karıştırmasın." demiş.

Bütün satranç taşları yerlerini ezberlemişler. Artık oyuna başlarken bu sıraya göre yerleşmişler. (Diyagram 33)

Diyagram 33

TAŞLARIN DEĞERİ (PUANLARI)

Satranç oyununda her taşın bir değeri vardır. Birbirimizden taş alıp verirken taşların değerlerini dikkate almalıyız.

Satranç taşlarımızın değerleri şöyledir:

ŞAH
Sonsuz

VEZİR
9 puan

KALE
5 puan

FİL
3 puan

AT
3 puan

PİYON
1 puan

Taşlara neden böyle puanlar verildiğini öğrenmek ister misin? O zaman sana hemen bunun masalını anlatayım.

Taşların Puanlarının Masalı

Nasıl hareket edeceklerini öğrenen taşlardan bazıları tuhaf davranışlarda bulunuyorlarmış. Örneğin piyonun bir tanesi file, hatta kaleye bile "Ben senden daha özelim. Senden daha iyi bir taşım, şah beni daha çok seviyor" gibi şeyler söylemeye başlamış.

Bazı taşlar da birbirine emir veriyormuş. At, vezire "Hey vezir, bana bir bardak su getirsene." diye emir veriyormuş. Taşların birbirlerine olan bu davranışlarını gören şah, herkesin oyundaki değerlerini açıklamaya karar vermiş.

"Bu puanları size oyun içinde hızlı ya da yavaş hareket edebilmenize göre belirledim. Puanı ne olursa olsun kimse kimseye saygısız davranmayacak. Sizlerin amacı, rakibinizi yenmek. Bunun için hepinizin birbirinize yardım etmesi gerekir. Bu yüzden birbirinize iyi ve saygılı davranmalısınız. Hepinizin gücüne ihtiyacımız var." demiş.

Şah puanları şöyle açıklamış:

PİYON : 1 puan
AT : 3 puan
FİL : 3 puan
KALE : 5 puan
VEZİR : 9 puan
ŞAH : Sonsuz. Çünkü oyunun en değerli taşı benim.
Yakalanırsam oyun biter.

O günden sonra bütün taşlar görevlerini ve değerlerini anlamışlar. Birbirlerine saygılı davranıp yardımcı olmuşlar.

PİYONLARIN ÖDÜL ALMASI (DÖNÜŞÜM KURALI)

Satranç oyununda bir piyon, rakibinin son sırasındaki karelerden birine ulaşırsa şah hariç istediği bir taşa dönüşebilir (Diyagram 34 ve Diyagram 35). Örneğin, piyon artık vezir, kale, fil ya da at olabilir. Bu bir ödül gibidir. Bu kural bütün piyonlar için geçerlidir. Eğer başarabilirsen tüm piyonlarını dönüştürebilirsin.

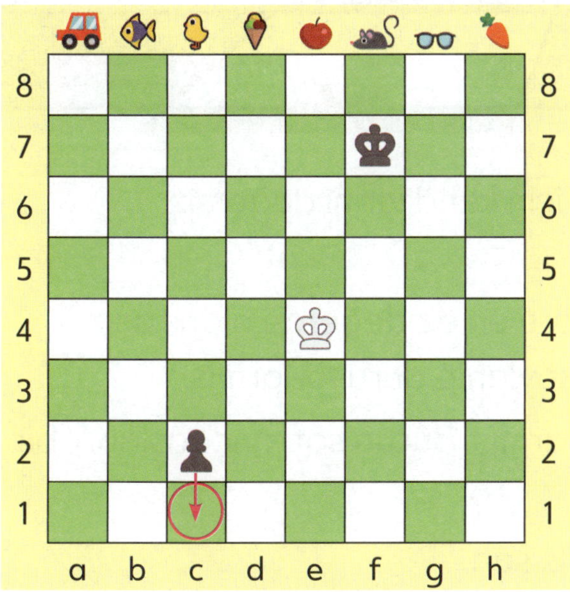

Diyagram 34

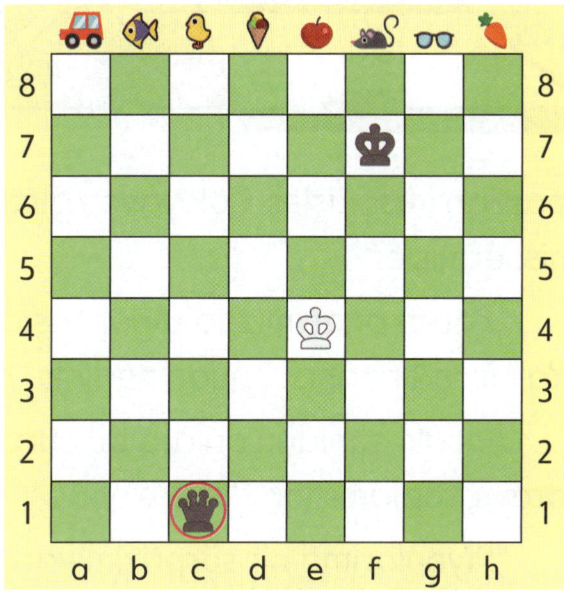

Diyagram 35

Son sıraya ulaşan piyonlar, piyon olarak kalamaz fakat şah da olamaz.

Bu kurala piyonun terfi olması adı da verilir.

Piyona neden böyle bir ödül verildiğini öğrenmek ister misin? O zaman sana hemen bunun masalını anlatayım.

Piyonların Dönüşme Masalı

Satranç oyunundaki taşların değerleri belirlendikten sonra piyonlardan bazıları bu duruma çok bozulmuş. Hatta piyonlardan

bazıları küsmüşler. Çok yavaş gittikleri için kendilerini değersiz hissetmişler.

"Zaten puanımızda diğer taşlara göre en az değerde olan taşız. Yalnızca 1 puanız. 1 puan nedir ki" diye söylenip duruyorlarmış.

Ancak, şahların onlara bir sürprizi varmış. Bütün satranç taşlarını bir araya toplamışlar.

"Piyonlarıma bir sürprizim var" demiş şah.

Piyonlar merakla birbirlerine bakmışlar.

İçlerinden bir piyon, "Acaba nedir?" diye sormuş şahına.

Şah, "piyonlarımız bu kadar yavaş hareket etmelerine karşın, rakibimizin son sıra sırasına ulaşırlarsa benden ödül alacaklardır." diye açıklamış sürprizini.

"Ödülünüz de eğer bunu başarabilirseniz başka bir taşa dönüşüp terfi etmek olacak. Böylece siz at, fil, kale hatta benim en güçlü yardımcım olan vezire bile dönüşebileceksiniz" diye açıklamış yeni kuralı.

Piyonlar sevinçle birbirlerine sarılmışlar. Şahlarının bu ödülünü kazanabilmek için çok sıkı çalışacaklarına söz vermişler.

SATRANÇ OYUNUNUN SONUCU

Satranç oyunu üç şekilde sonuçlanır:

- Beyazlar oyunu kazanır.
- Siyahlar oyunu kazanır.
- Beraberlik olur.

- Oyunu kazanabilmek için rakibimizin şahını mat etmeliyiz.

- Rakibimiz, bizim şahımızı mat ederse oyunu kaybetmiş oluruz.

- Rakibimizle birbirimize üstünlük sağlayamazsak oyun berabere bitmiş olur.

Peki, oyun nasıl kazanılır?

Tabii ki şahı mat ederek (ele geçirerek).

Bunu yapabilmek için ilk önce "Şah Çekmeyi" öğrenmeliyiz.

ŞAH ÇEKMEK (ŞAHI İSTEMEK)

Şimdi satranç oyununun en önemli bölümüne başlıyoruz.

Satranç oyununun amacının rakibin şahını ele geçirmek olduğunu hatırlıyorsunuz değil mi? Şahları ele geçirmek için, öncelikle şah çekmeliyiz. Şah çekmek, kendi şahımız dışındaki herhangi bir taşımızla rakibimizin şahını tehlikede bırakıp tehdit etmek, yani rakip şahı istemektir.

Şah dışındaki bütün taşlar ile şah çekilebilir.

Diyagram 36'da vezir çapraz hareket ederek 1 (d1) evinden 4 (a4) evine gelsin.

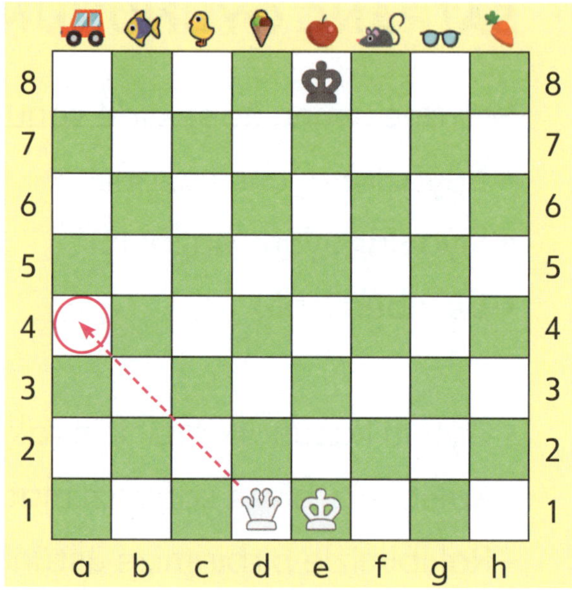

Diyagram 36

Artık, 4 (a4) evindeki vezir;

- 8 (a8) ve 1 (a1) evlerine kadar dikey yönde gidebilir,

- 4 (h4) evine kadar yatay yönde gidebilir

- çapraz yönde de 1 (d1) ve 8 (e8) evlerine kadar hareket edebilir (Diyagram 36).

O da ne! 8 (e8) evinde rakibimizin şahı oturuyor. Bizim vezirimiz de 8 (e8) evine kadar gidebiliyor. İşte şimdi rakibimizin şahını istemiş olduk. Buna şah çekmek diyoruz. "Kaç bakalım koca göbekli şah, seni istiyoruz" dedik. Biz rakibimizin şahını istedik ama bakalım onun şahı neler yapabiliyor.

Rakibimizin şahı, 8 (d8), 7 (e7), 7 (f7) ve 8 (f8) evlerine (karelerine) gidebiliyor.

Bu evlere gidebilen hiç bir taşımız yok. Peki, siyah şah d7 evine gidebilir mi? Hayır. Çünkü o evi çapraz yönde kontrol eden vezirimiz var.

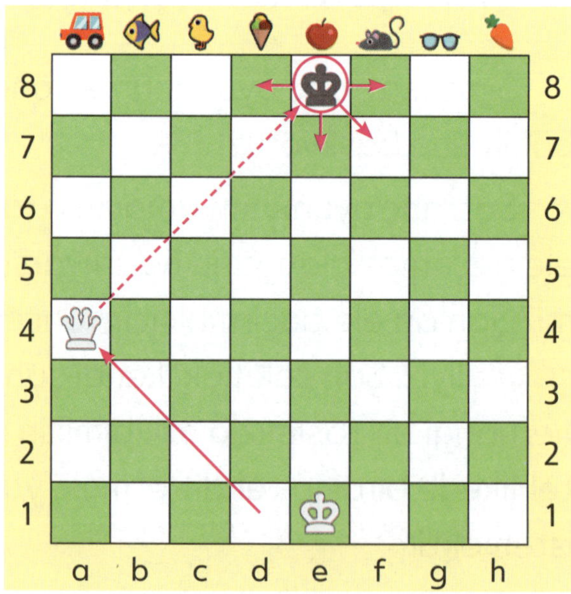

Diyagram 37

Demek ki rakibimizin şahını ele geçirememişiz, yalnızca onun şahını istemişiz, yani şah çekmişiz (Diyagram 37).

Şimdi bunu daha iyi anlayabilmek için birkaç tane daha örnek çözelim.

Örnek 2: **Kaleyle Şah Çekmek**

Diyagram 38'de, kale dikey yönde hareket ederek, yatay yönden şah çekiyor.

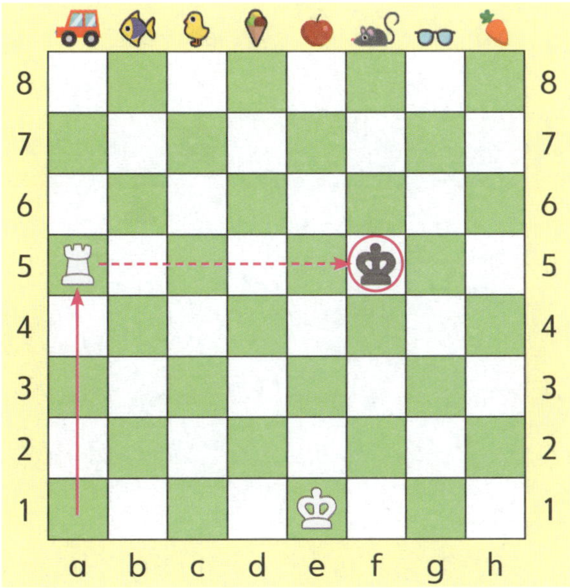

Diyagram 38

Örnek 3: **Atla Şah Çekmek**

Diyagram 39'da, at L şeklinde hareket ederek şah çekiyor.

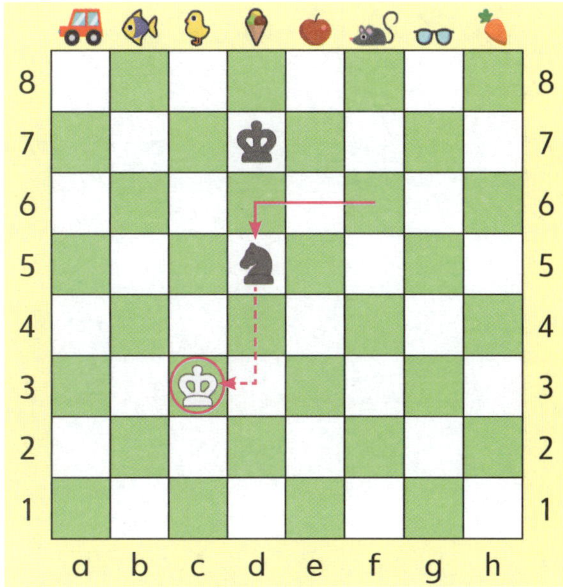

Diyagram 39

Beyaz kale, siyah şaha şah çekmiş.

Örnek 4: Fille Şah Çekmek

Diyagram 40'de, fil çapraz yönde hareket ederek şah çekiyor.

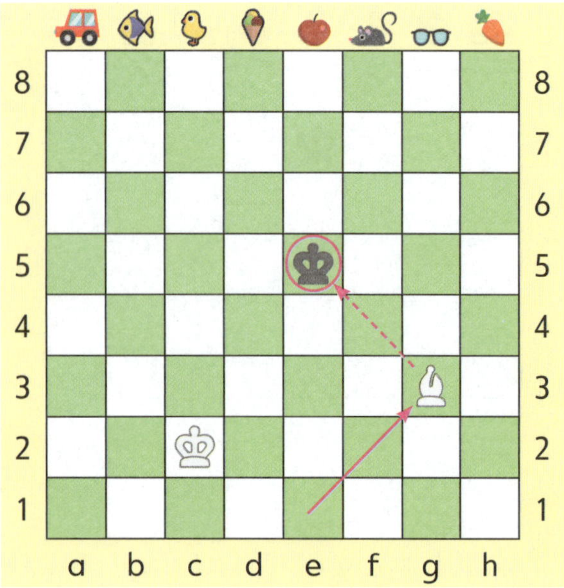

Diyagram 40

Örnek 5: Piyonla Şah Çekmek

Diyagram 41'da, siyah piyon bir adım ileri giderek, çapraz yönden şah çekiyor.

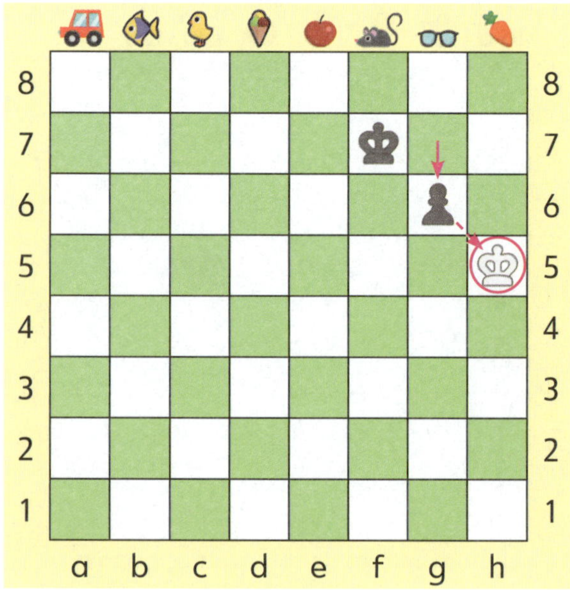

Diyagram 41

Siyah fil, beyaz şaha şah çekmiş.

ŞAH TEHDİDİNE KARŞI SAVUNMA YÖNTEMLERİ

Bir oyuncu bize şah çektiği (şahımızı istediği) zaman, kesinlikle şahımızla ilgilenmeliyiz. Bizim şahımız istenirken, onu tehditten kurtarabilecek bir hamle yapmalıyız.

Rakibimiz bize şah çektiği zaman neler yapabiliriz?

- Şah çeken taşı alabiliriz.
- Şahımızı, güvenli bir kareye kaçırabiliriz.
- Şahımızın önünü kapatabiliriz.

ŞAH ÇEKEN TAŞI ALMAK

Şahımızı tehdit eden rakibimizin taşını, eğer bulunduğu kareye gidebilen taşımız varsa alabiliriz. Böylelikle rakibimizin, şahımızı tehdit etmesini engellemiş oluruz.

Dikkat! Şahımızı tehdit eden rakibimizin taşı, başka bir taş tarafından korunuyorsa onu bütün taşlarımız alabilir, ama şahımız alamaz.

Diğer bir deyişle; şahlar, korunan taşları alamazlar.

Diyagram 42'de, beyaz fil 6 (f6) evine gelerek, 8 (h8) evindeki siyah şahı istemiş (şah çekmiş). Siyah şah, 4 (c4) evindeki beyaz filin tehdidi yüzünden 8 (g8) evine gidemez. İki şah yan yana gelemeyeceğinden dolayı 7 (h7) ve 7 (g7) evlerine de gidemiyor.

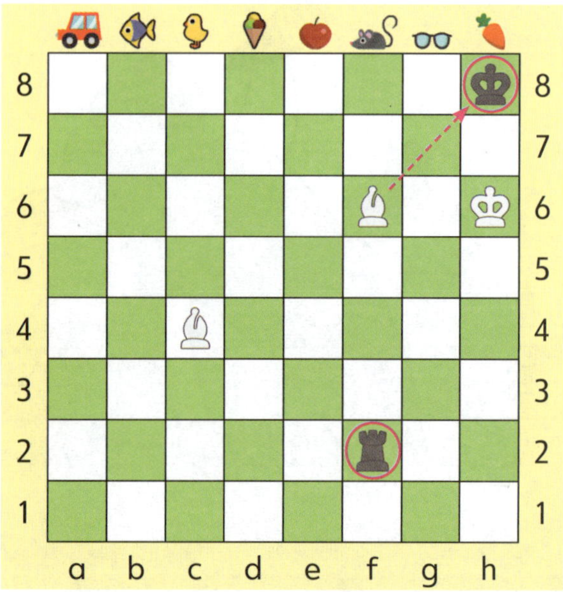

Diyagram 42

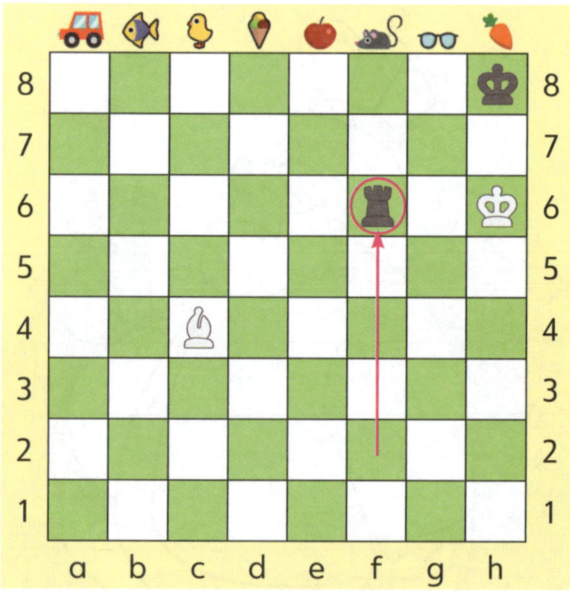

Diyagram 43

Ancak, 2 (f2) evindeki kale, 6 (f6) evine gelerek fili yer ve şahın tehdit edilmesini engellemiş olur (Diyagram 43).

ŞAH İLE GÜVENLİ BİR KAREYE KAÇMAK

Şahımızla, rakibimizin taşlarının bulunmadığı ve tehdit edilmeyen güvenli bir eve (kareye) gitmektir. Böylece şahımızı güvenli bir eve (kareye) kaçırarak kurtarmış oluruz.

Örnek 1: Diyagram 44'te, beyaz fil çapraz yönden şahı istemiş (şah çekmiş). Siyah şah; 7 (a7), 7 (c7), 8 (b8), 6 (b6), 8 (c8) ve 6 (a6) evlerine gidebilir, ama 8 (a8) ve 6 (c6) evlerine gidemez.

Örnek 2: Diyagram 45'te, siyah kale dikey yönden şahı istemiş (şah çekmiş). Beyaz şah; 5 (g5), 4 (g4) ve 3 (g3) evlerine gidebilir, ama 5 (h5) ve 3 (h3) evlerine gidemez.

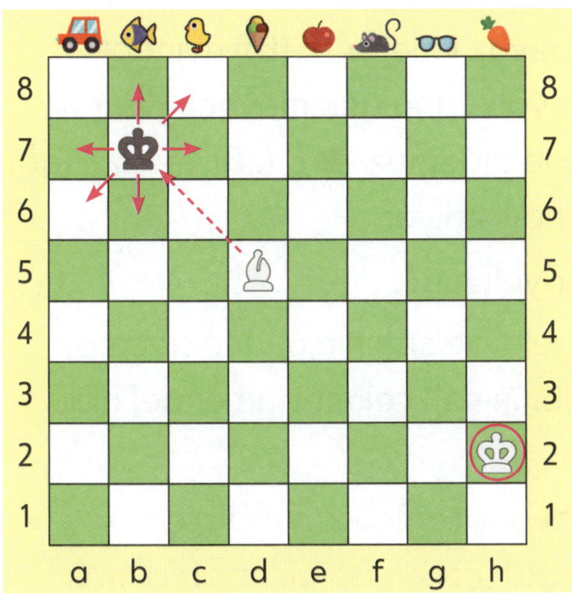

Diyagram 44

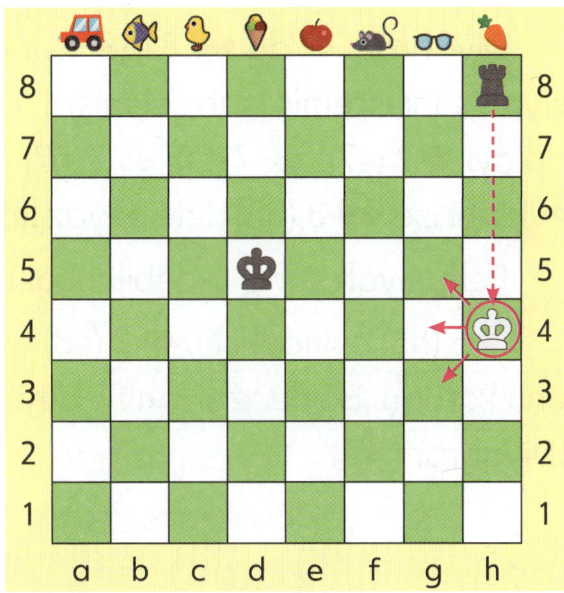

Diyagram 45

ŞAHIMIZIN ÖNÜNÜ KAPATMAK

Şahımızın önünü kapatmak, şahımızı tehdit eden (şah çeken) taşla, kendi şahımızın arasına uygun durumda bulunan başka bir taşımızı getirmek anlamına gelir. Böylece, şah çeken taşın önüne başka bir taş getirerek, şahımızın tehdit edilmesini engellemiş oluruz.

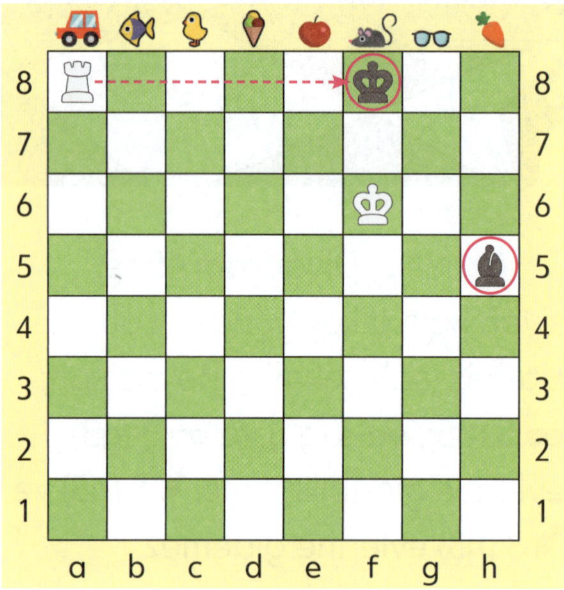

Diyagram 46

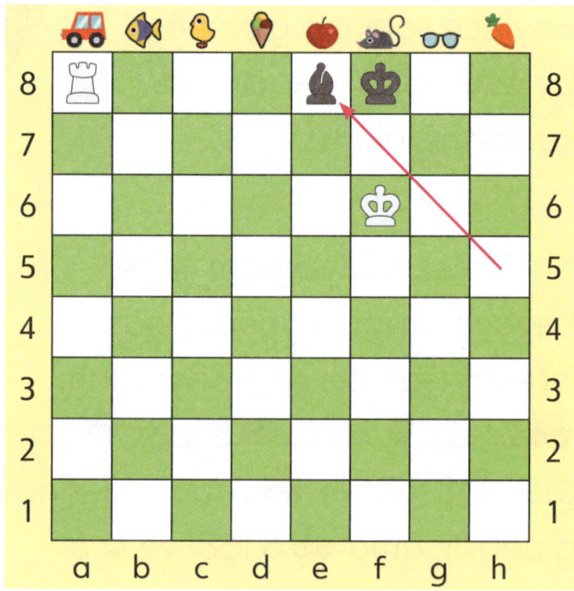

Diyagram 47

Diyagram 46'da 8 (a8) evindeki beyaz kale 8 (f8) evindeki siyah şahı istemiş (şah çekmiş). İki şahın yan yana gelemeyeceğinden dolayı 7 (e7), 7 (f7), 7 (g7) evlerine gidemez. 8 (e8) ve 8 (g8) evlerini ise 8 (a8)'deki beyaz kale tehdit ediyor.

Peki, siyah şahın gidebileceği bir yer yok mu?

5 (h5) evindeki fil, 8 (e8) evine geldi ve şahının önüne geçerek onu korudu. Böylece siyah fil, beyaz kalenin şah çekmesine engel oldu (Diyagram 47).

Atla şah çekildiği zaman atın önünü kapatamayız. Tehditten kurtulmak için, şahımızı kaçırmak ya da şah çeken atı bir taşla almak (yemek) zorundayız.

MAT ETMEK

Bize şah çekildiği (şahımız istendiği) zaman, şahımızı başka bir eve kaçıramıyorsak, şah çeken taşın önünü kapatamıyorsak ya da şah çeken taşı alamıyorsak mat oluruz.

Diyagram 48'de 5 (h5) evindeki vezir, 8 (e8) evindeki şahı istemiş (şah çekmiş). Dikkat edersen şahın gidebileceği ve bu tehdidi engelleyebileceği bir hamlesi yok.

İşte şimdi şah mat oldu. Yani oyun bitti.

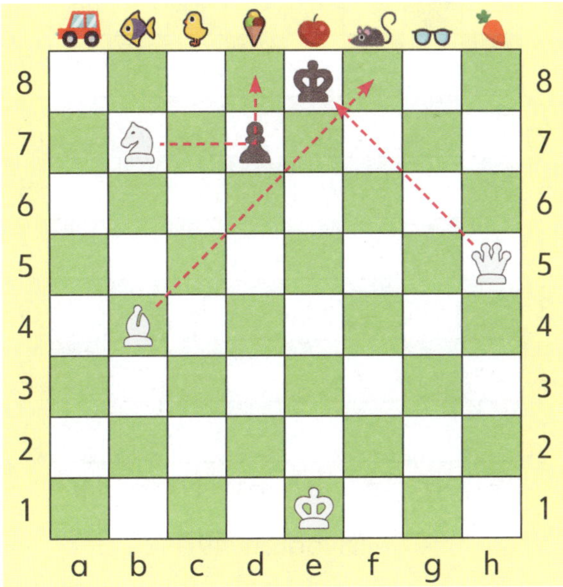

Diyagram 48

Eyvah! Etrafın beyaz taşlar tarafından sarıldı.
Tamam, teslim oluyorum.

Örnek 1: Diyagram 49'da 6 (g6) evindeki beyaz kale, 8 (g8) evine gidiyor. Siyahlar bu tehdidi engelleyemediği için şah mat oldu (Diyagram 50).

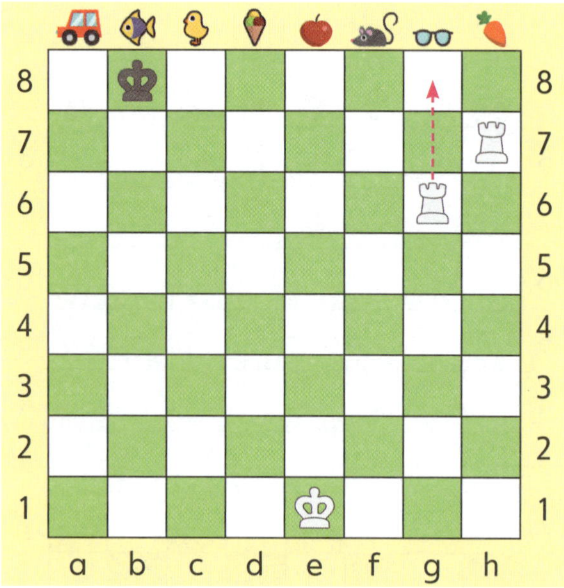

Diyagram 49

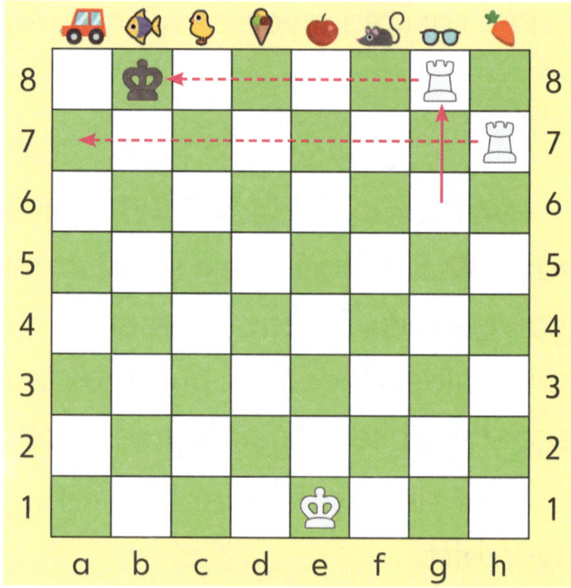

Diyagram 50

Örnek 2: Diyagram 51'de, 5 (a5)'teki vezir 2 (d2) evine gidiyor. 6 (h6) evindeki siyah fil de 2 (d2) evindeki veziri koruyor. Bu yüzden beyaz şah, siyah veziri alamaz. 1 (d1) evindeki beyaz şahın kaçabileceği herhangi bir yer yok.

Beyazların, siyah veziri alabileceği başka bir taşı yok. Üstelik önünü kapatamaz da. Bu durumda da şah mat oldu (Diyagram 52).

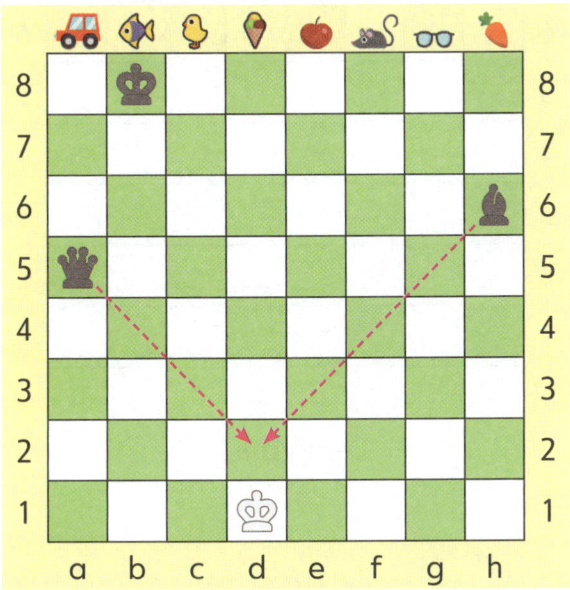

Diyagram 51

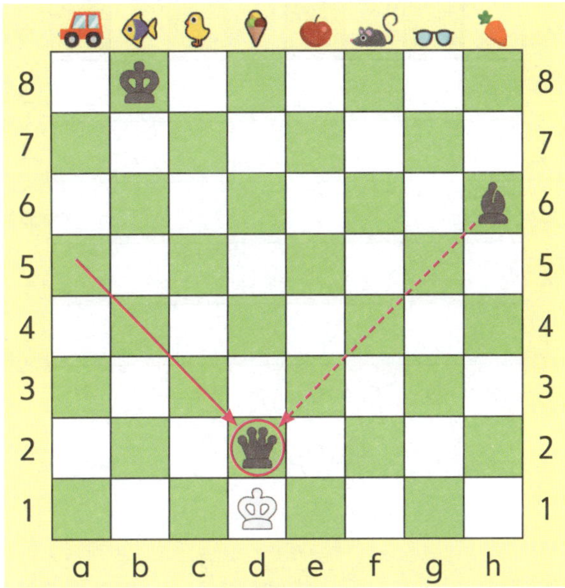

Diyagram 52

Örnek 3: Diyagram 53'te 4 (g4) evindeki at, 6 (f6) evine gelir ve şah çeker. Siyahlar bu tehdidi hiçbir şekilde engelleyemiyor. Şahı kaçamıyor, beyaz atı da alamıyor. Siyah şah mat oldu (Diyagram 54).

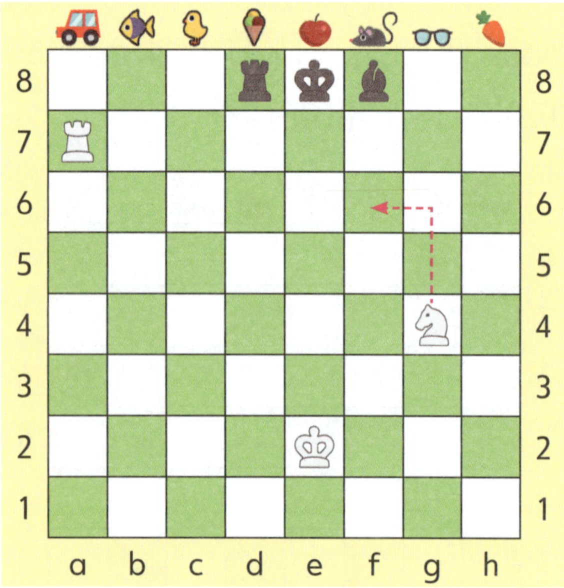

Diyagram 53

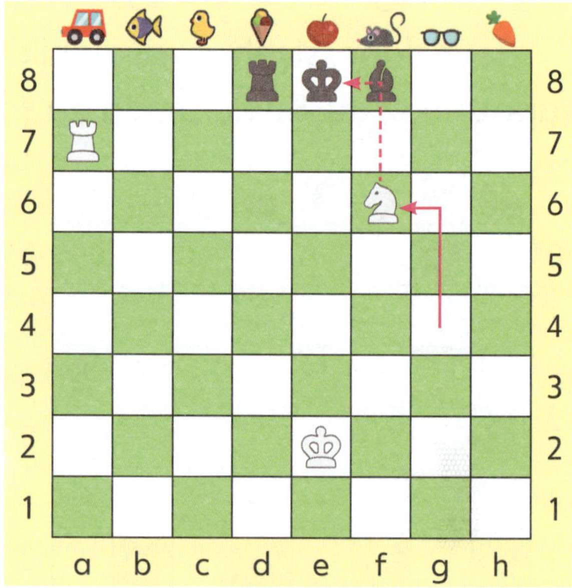

Diyagram 54

Evet, seni yakaladım beyaz şah.

Taşlarımızın kendi aralarındaki oyunları çok kısa sürüyormuş. Zaten oyunun bir yerinde genellikle tartışma çıkıyormuş.

Bu tartışmanın sonucunda da taşlar birbirlerine küsüyor, hatta bazıları küsmekle kalmayıp " Seni babama söyleyeceğim." diyerek sinirli sinirli evinin yolunu tutuyormuş.

Taşların yaptıklarına bakar mısınız? Bebek gibiler...

Tartışmanın nedeni, oyunun amacıymış. O zamanlar rakip şahı alan kazanır kuralı uygulanıyormuş. Böylece oyun hemencecik bitiveriyormuş. Tam oyunun en keyifli anında eğer dikkat etmezsen karşı takımın taşı şahını alıp "yendim seni, yedim seni" diyerek yerinde zıplıyormuş. İşte bu durumu değerlendirmek ve çözüm bulmak için şahlar bir toplantı yapmışlar. Toplantı sonucunda herkesin onayıyla bir sonuca varmışlar.

Oyuncuları düşündürmek ve sonuca hemen bu kadar kolay ulaşmamak için oyunun amacını zorlaştırmaya karar vermişler. Böylece, gerçekte olduğu gibi, rakibin şahını (kralını) tutuklayan kazanacakmış. Yani rakip şahı sıkıştırıp pes ettirmek gerekiyormuş. Bunu satranç oyunundaki kuralların arasına eklemişler. Böylece artık şahı yemek yasaklanmış. Şahı sıkıştırıp pes ettiren oyunu kazanıyormuş. M.A.T.

Yani;

M AÇ

A RTIK

T AMAMLANDI

anlamında buna kısaca Mat adını vermişler.

BERABERLİK

Oynadığımız bir oyunun sonucu için üç olasılık vardır:

Kazanç (1 puan)
Kayıp (0 puan, yani hiç puan alamayız)
Beraberlik (½, yani yarım puan)

Oyununun beraberlikle sonuçlanması aşağıdaki durumların oluşmasıyla olur:

- Tahtadaki taşların kazanç için yetersiz olması
- 50 hamle kuralı olması
- Üç konum tekrarı olması
- Anlaşmalı beraberlik olması
- Pat

TAŞ (MATERYAL) YETERSİZLİĞİ

İki tarafın da herhangi bir pozisyonda mat yapma olasılığının olmadığı durumlarda oyun beraberlikle sonuçlanır. Tahtada yalnızca şahların kalması gibi...

Artık oynamamıza gerek yok. Bak hiçbir taşımız kalmadı. En iyisi berabere kalalım.

50 HAMLE KURALI

Herhangi bir konumdan itibaren 50 hamle süresince taraflar hiçbir piyon hamlesi yapmamış ve hiçbir taş almamışlar ise oyun berabere olur.

ÜÇ KONUM TEKRARI

Bir oyunda tam olarak aynı konumun en az üç kez oluşması ya da oluşmak üzere olması halinde, taraflardan birisi beraberlik iddia edebilir.

ANLAŞMALI BERABERLİK

Her iki oyuncu da oyunun beraberlikle sonuçlanmasını istiyorsa anlaşıp oyunu berabere bitirebilir.

PAT

Oynama sırası olan tarafın şahı tehlikede olmamasına karşın hiçbir taşını oynatamıyorsa bu durumda oyun pat olmuş demektir. Böylece oyun beraberlikle sonuçlanmış olur.

Şimdi bunun ne olduğunu öğrenelim.

Oyun içerisinde, şah çekilmediği halde, şah hiçbir hamle yapamıyorsa ve oynayabilecek başka bir taş da yoksa bu durumda oyun pat olur.

Demek ki, satranç oyununu kazanabilmemiz için yalnızca şahı sıkıştırmamız yetmez. Bununla birlikte mutlaka şahı istememiz de gerekir. Yoksa oyun pat olur, yani berabere biter.

Diyagram 55'te,  7 (c7)'deki beyaz vezir, şahın gidebileceği bütün kareleri tehdit ediyor. Ancak, beyazlar şah çekmeyi unutmuş. Üstelik siyahların oynayabileceği başka bir taşı da yok. Şah çekmeden şah sıkışmış ve böylece oyun pat olmuş (berabere bitmiş) olur.

Diyagram 56'da, siyahların hareket edebilecek hiçbir taşı yok. Hamle siyahlarda ve oyun pat olmuş.

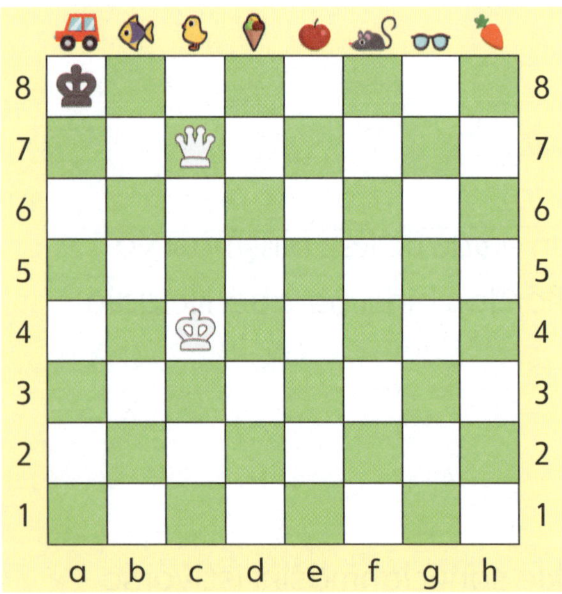

Diyagram 55

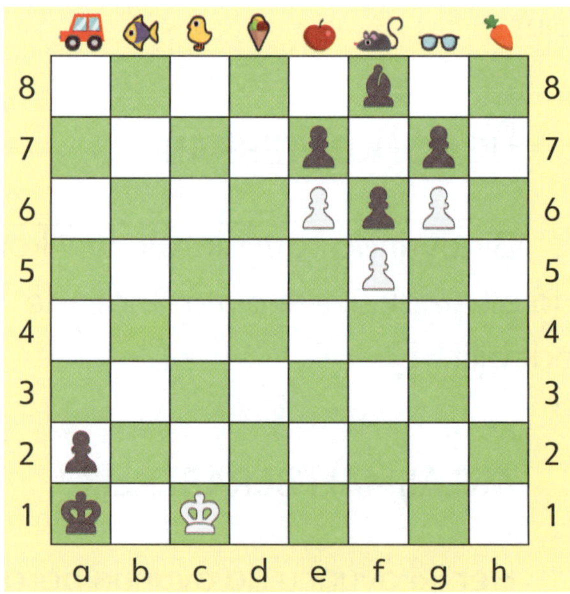

Diyagram 56

ROK

Rok, şah ile kale arasında yapılan özel bir hamledir. Rok, satranç oyununda, bir hamlede iki taşı oynatabildiğimiz tek durumdur. Rokun kurallarından önce, neden uygulamamız gerektiğinden söz edelim.

Oyunun başlangıcında satranç taşlarının dizilişine göre, şah oyunun en tehlikeli bölgesinde, yani tahtanın ortasında durmaktadır. Usta birer savaşçı olan kaleler ise köşelerde gizlenmektedirler. Bu işte bir terslik olduğu kesin, çünkü şah gibi önemli bir taş, rakip taşların ortasında çok büyük tehlikeler yaşayabilir. Ancak satranç taşlarımızın başlangıçtaki dizilişini değiştiremeyeceğimiz için, bu sorunu çözecek yeni bir kural uygulamaya başlanmıştır. Bu kurala da rok yapmak denmiştir.

Rok hamlesi şöyle yapılır: Şah, oturduğu evden iki adım sola ya da sağa doğru, yani kalelerinden birinin yanına doğru ilerler. Kale ise iki adım ilerlemiş olan şahın üzerinden atlayıp hemen yanındaki eve gelir (Diyagram 57 ve Diyagram 58).

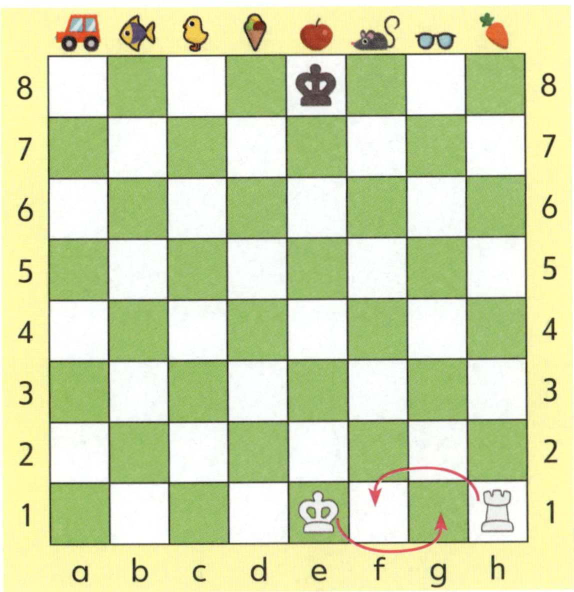

Diyagram 57

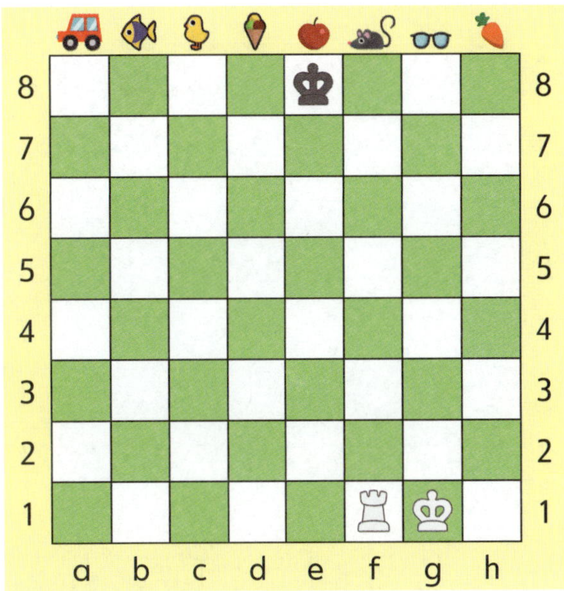

Diyagram 58

Rok yapabilmek için gerekli kurallar:

1- Şah ile kale arasında hiçbir taş olmamalıdır.
2- Rok yapacak olan kale ve şah o zamana kadar hiç hareket etmemiş olmalıdır (daha önce oynamış ve eski yerine dönmüş olsa bile rok yapılamaz).
3- Şah çekilirken rok yapılamaz.
4- Rok yapılırken şah, rakip taşların tehdit ettiği yollardan (geçemez) geçerek rok yapılamaz.
5- Şah rok yaptıktan sonra rakip taşların şah tehdidi altında kalmamalıdır.

Oyunda iki çeşit rok yapılabilir:

1- Küçük (Kısa) Rok:

Şah, kendisine yakın olan kaleye doğru iki adım gider. Kale de üzerinden atlayarak şahın yanına gelir. Kısa rokta kale iki adım ilerlemiş olur (Diyagram 59).

1- Büyük (Uzun) Rok:

Şah, kendisine uzak olan kaleye doğru iki adım gider. Kale de üzerinden atlayarak şahın yanına gelir. Uzun rokta kale üç adım ilerlemiş olur (Diyagram 60).

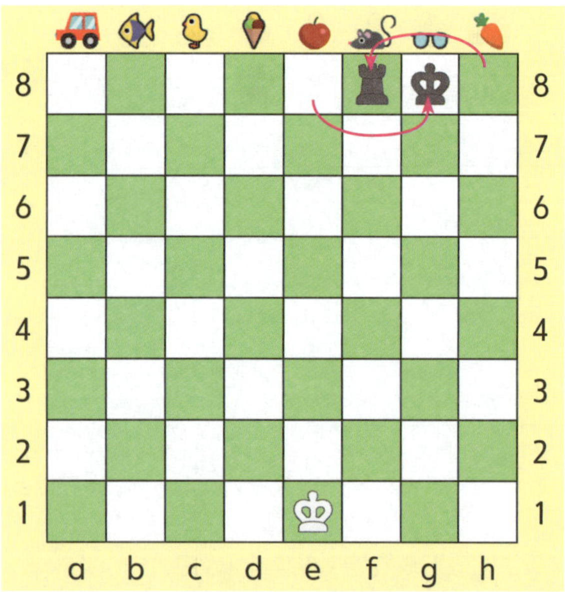

Diyagram 59

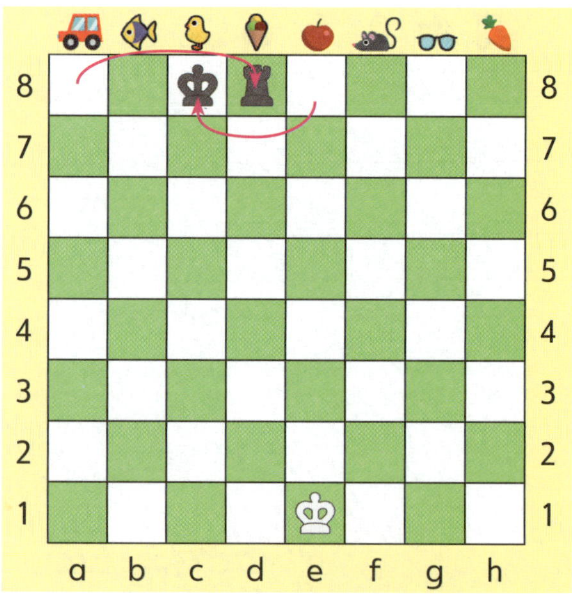

Diyagram 60

Rok yaptığımız zaman;

1- Şah, satranç tahtasında daha güvenli bir yere gitmiş olur.
2- Şah, kendi piyonlarının arkasında daha fazla güvende olur.
3- Şah, rakip taşlardan uzaklaşır.
4- Kale, köşede gidebilecek bir yeri yokken, satranç tahtasının ortasına doğru yaklaştığı için, artık daha etkili bir şekilde oyuna katılmış olur.

Sevgili çocuklar, masalımızın Rok'la ilgili tuhaf bir bölümü de var. İsterseniz onu da size anlatayım.

Rok Masalı

Oyun başlamış. Şah, taşlarını yönetmek ve onları izlemek için yüksek bir yere çıkmış. Oradan oyunu yönetiyormuş. Bir yandan da olan biteni korku ve endişe içinde izliyormuş. Kafasından,

"Benim canım piyoncuklarımın başına şimdi kötü bir şey gelecek.", "Vah vah vah güzelim atımın başı dertte galiba..." gibi düşünceler geçiyormuş.

Köşede duran kaleler ise bir elinde dürbün, bir elinde çekirdek, olanları maç izlermiş gibi heyecanla seyrediyormuş.

Tam bu sırada, korkudan ve heyecandan titreyen şah dayanamamış ve yüksekten yere düşmüş.

Koca göbeğinden dolayı top gibi köşeye doğru yuvarlanmaya başlamış.

Köşede canı sıkılan kale ise futbol oynamayı çok seviyormuş. Kendisine doğru gelen şahı büyük bir top zannetmiş.

"Bana doğru bir top geliyor. Ona hemen vurayım da gol olsun" demiş.

Koca ayakkabıları olduğu için iyi futbol oynarmış. Topa (yani yuvarlanan şaha) bir vurmuş, havada takla atarak ne olduğunu anlayamadan şahın üzerinde atlayıp yanına düşmüş. Şahın da canı çok acımış tabii. Ancak, bilerek yapmadığını bildiği için kaleyi affetmiş.

İki halk da tartışmayı durdurup şah ve kalenin yaptıklarına şaşırarak bakmışlar. Sonra da anlam veremedikleri bu komik olaya gülmüşler.

"ROK" adını verdikleri bu olayı, oyunlarında uygulamaya başlamışlar.

PİYONLARIN GEÇERKEN ALMA KURALI

Piyonların geçerken alma kuralı, çok özel bir kuraldır. Bunu yalnızca piyonlar yapabilirler.

Piyonlarımız, iki adım ilerleyebilme hakkını elde ettikten bir süre sonra, şöyle bir konumla karşılaşılmış (Diyagram 61).

Siyahlar 7 (d7)'deki piyonu, iki adım ilerleterek 5 (d5) evine getirdi. Piyon iki adım ilerleyince beyaz piyonun yanına gelmiş oldu ve tabii ki beyaz piyon, siyah piyonu, çaprazında olmadığı için alamayacaktı. Oysa siyah piyon bir adım ilerlemiş olsaydı beyaz piyon onu alabilecekti.

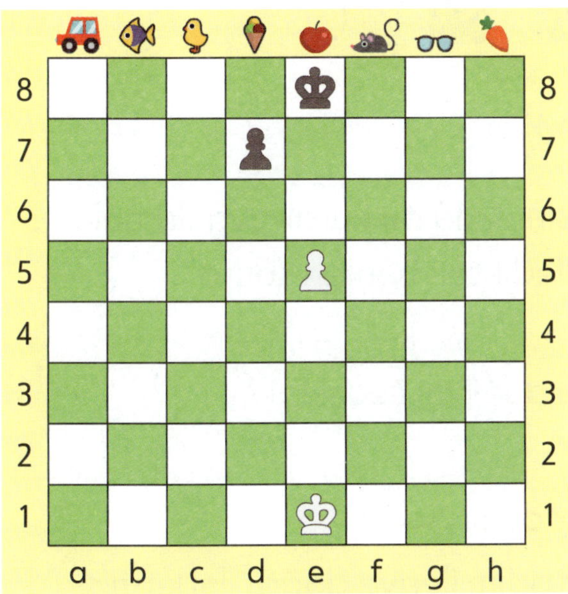

Diyagram 61

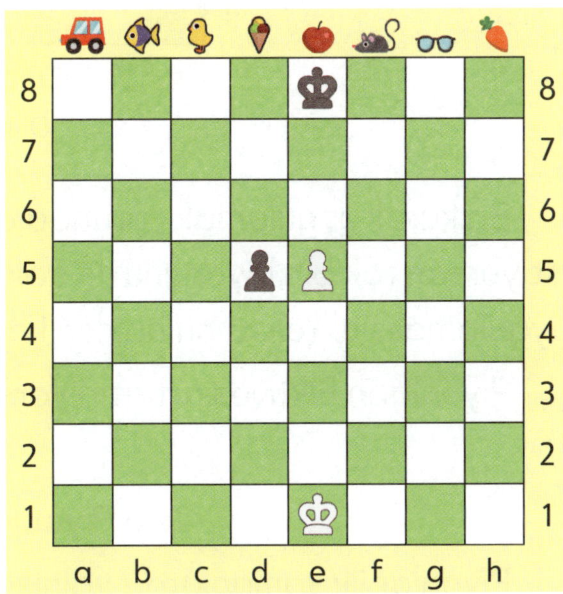

Diyagram 62

Bu özel durumda, beyaz piyonun konumundaki piyonlara haksızlık olmaması için bir öneri getirildi. Buna göre, Diyagram 62'deki beyaz piyonun konumunda olan her piyona, iki adım ilerlemiş olan rakip piyonu, tek bir adım ilerlemiş gibi düşünüp çapraz adım atarak alma hakkı verildi. İşte bu kurala geçerken alma kuralı denir.

Yani beyazların 5. yataya (ya da siyahların 4. yataya) gelmiş bir piyonunun yanına iki adım ilerlemiş olan rakip piyon gelirse, sanki ona çelme takıp çaprazdan yerse geçerken almış olur (Diyagram 63).

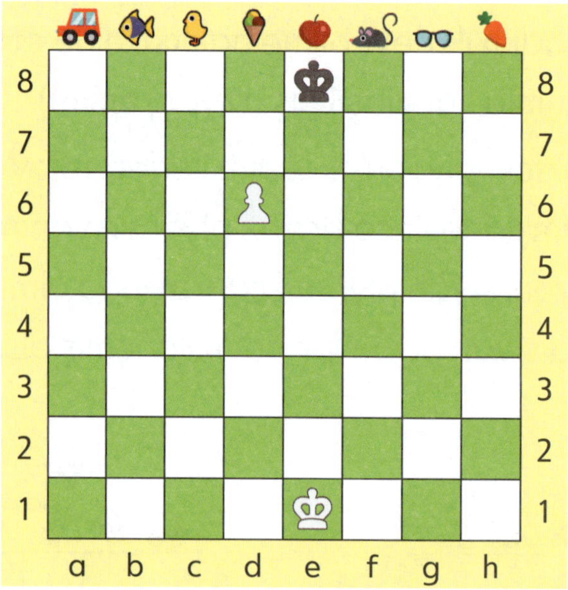

Diyagram 63

Bu kuralı uygulamak zorunda değilsin. Ama bu kuralı uygulamak istiyorsan rakibin piyonunu iki adım ilerledikten hemen sonra uygulamalısın. Yoksa bu hakkın kaybolur.

Piyonların hikâyesini hatırlıyorsunuz değil mi çocuklar?

Piyonların Masalı

Piyonlar ilk zamanlarda yalnızca bir adım ileriye doğru ilerlermiş. Yalnızca bir adım ileri.

Satranç oyununun kurallarını koyan şahlarımız oyunlarında bir takım sorunlarla karşılaşmışlar. Piyonların yavaş hareketinde dolayı oyunlar uzun sürüyormuş.

İşte bu yüzden oyun başında piyonlara iki adım ilerleme hakkı verilmiş. Böylece oyunlar daha heyecanlı ve çekişmeli sürüyormuş. Bunu zaten biliyorsunuz.

Ancak, günün birinde şöyle bir durum oluşmuş. 5. sıraya kadar gelen siyah piyonun yanındaki piyonlardan birisi iki adım ilerleyerek siyah piyonun yanına gelivermiş. Böylece siyah piyon beyaz piyonu alamamış. İşte o zaman da bu oluşan yeni duruma çözüm bulmak için, şahlar yeni bir kural bulmak zorunda kalmışlar. Kural şuymuş:

5. sıraya gelen beyaz piyon olduğu zaman siyah için ise 4. sıraya bir siyah piyon geldiği zaman, yanındaki piyon iki adım ilerlerse sanki tek adım ilerlemiş gibi düşünüp çaprazından alabileceğiz. İşte bu kurala geçerken alma kuralı adı verilmiş. Bunu, piyon yanından geçerken sanki diğer piyon ona çelme takmış gibi düşünebilirsiniz.

SATRANÇ DİLİ (NOTASYONU)

Satranç taşlarımızın evler üzerindeki hareketlerini, yazarak anlatmaya satranç dili (notasyonu) denir.

Satranç oyuncularının kendi aralarında kullandığı bir anlaşma dili vardır. Oynadığımız hamleleri yazıyla anlatabilmek için satranç dilini kullanırız. Böylelikle oynadığımız hamleleri karıştırmadan not etmiş oluruz ve ne zaman istersek yeniden oynatabiliriz.

Satranç dilini iyi kullanabilmek için, kitabımızın birinci bölümündeki evlerin isimlerini gösteren satranç alfabesini iyi bilmen gerekir (Sayfa 22).

Satranç dilini kullanırken taşlarımızın isimlerini uzun uzun yazmamıza gerek yoktur. Her taşın baş harfini büyük harflerle yazmamız yeterlidir.

Satranç taşlarımızın kısaltmaları aşağıdaki gibidir:

Şah : Ş
Vezir : V
Kale : K
Fil : F
At : A
Piyon : Yalnızca bulunduğu (ya da gittiği) karenin ismini yazmamız yeterlidir. (Örneğin, e4 evindeki piyonu belirtmek için yalnızca "e4" yazarız.)

NOTASYONDA KULLANILAN BAZI KISALTMALAR:

Bir taşın başka bir taşı alması : x
Şah çekilmesi : +
Mat olma : #
Kısa (küçük) Rok : 0-0
Uzun (büyük) Rok : 0-0-0

Beyazların oyunu kazanması 1 - 0 şeklinde gösterilir.

Siyahlar oyunu kazanması 0 - 1 şeklinde gösterilir.

Oyun berabere biterse 1/2 - 1/2 şeklinde gösterilir.

Oyundaki bir taşın hareketini anlatmak için, hareket edecek olan taşın baş harfini büyük harfle yazarız.

Onun yanına da gideceği karenin ismini küçük harflerle yazarak hamleyi tamamlamış oluruz.

Örneğin; Ad4 şeklinde bir yazı varsa bunun anlamı şu demektir:

At şimdi d4 karesinde.

Buna benzer daha birçok hamle yazılışı bulabiliriz;

Fh6, Şf7, Kh4, g3... gibi.

Örnek 1: Diyagram 64'te, Vezir b8 karesinden h2 karesine gelmiş. Bunu satranç diliyle şöyle yazarız:
Vh2 #

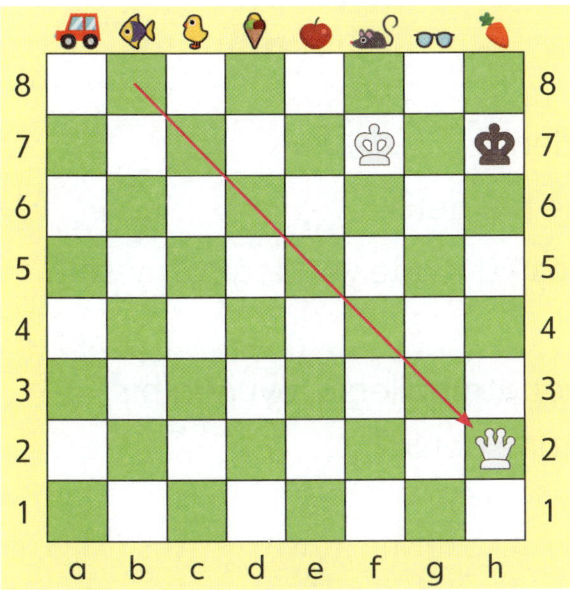

Diyagram 64

Örnek 2: Diyagram 65'te, Şah h7 karesinden g7 karesine gelmiş. Bunu satranç diliyle şöyle yazarız:
Şg7 #

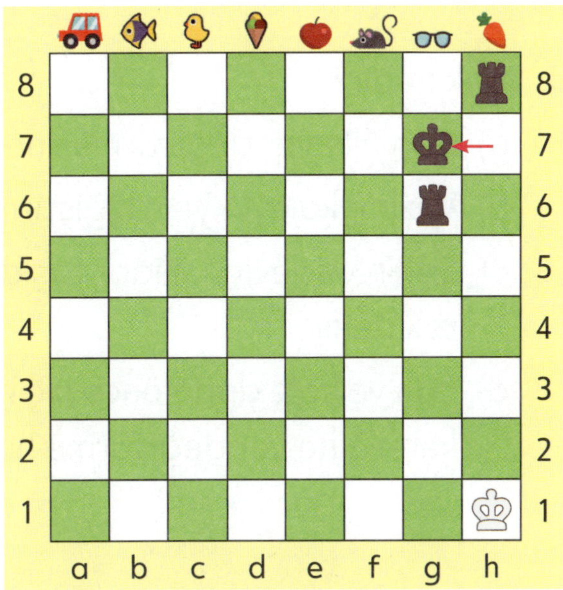

Diyagram 65

3. BÖLÜM İLE İLGİLİ MİNİK AMA ÇOK GÜÇLÜ SORULAR

1. **Taş yemek (almak) ne demektir?**
   a) Taşımızı rakip taşın bulunduğu kareye (eve) getirirsek o taşı oyundan atıp almış ya da yemiş oluruz.
   b) En son kareye ulaşan piyonun vezire dönüşmesi taş almak anlamına gelir.
   c) Taş almak, kendi taşımızı oyundan atmaktır.
   d) Taş almak, oyunu kazanmaktır.

2. **PAT nedir?**
   a) Piyonların ilk hamlelerinde iki adım ilerleyebilmesine pat denir.
   b) Pat, matın kardeşidir.
   c) Şah çekilmediği halde rakip şah hiçbir hamle yapamıyorsa ve oynayabilecek başka bir taşı da yoksa oyun pat olur ve oyun berabere sonuçlanır.
   d) Pat, rakibimizin vezirini almaya denir.

3. **Rok nedir?**
   a) Atın fille yer değiştirmesine rok denir.
   b) Vezirin kaleyle yer değiştirmesine rok denir.
   c) Şahın ve vezirin, diğer taşların gözü önünde yer değiştirmesine rok denir.
   d) Şah ve kale daha önce hiç hareket etmedilerse, oyunda bir kereliğine yer değiştirme hareketine denir.

4. **Şah çekmek (şahı istemek) nedir?**
   a) Şah çekmek oyunu kazanmak demektir.
   b) Bir taşın rakip şahı tehdit etmesine (istemesine) şah çekmek denir.
   c) En az 5 kişinin, koca göbekli şahın tuttuğu ipi kendilerine doğru çekmesine şah çekmek denir.
   d) Şah çekmek, şahı almak (yemek) demektir.

5. **Birisi bize şah çekerken aşağıdakilerden hangisini yapamayız?**
   a) Şah çeken taşı alıp şah tehdidini engelleyebiliriz.
   b) Şah çeken taşın önünü bir taşla kapatarak şah tehdidini engelleyebiliriz.
   c) Şah çeken taşın tehdidini şahımızı kaçarak engelleyebiliriz.
   d) Biz de rakibimizin şahını isteyebiliriz.

6. **Piyonlar ne zaman başka bir taşa dönüşebilir?**
   a) İki adım ilerledikleri zaman
   b) Son sıraya ulaştıkları zaman
   c) Geçerken alma kuralını uyguladıkları zaman
   d) Şah çektikleri zaman

7. **Satranç dili ne demektir?**
   a) Satranç ülkesindeki kahramanların konuştukları dildir.
   b) Satranç taşlarımızın evler üzerindeki hareketlerini yazarak anlatmaya denir.
   c) Rok yaparken şah ve kalenin konuşmalarıdır.
   d) Fillerin hepsinin bir ağızdan konuşmasına denir.

8. **Geçerken alma kuralı nedir?**
   a) Bu bir hiledir!
   b) Bir piyonun en son sıraya ulaşmasına denir. Böylece kenarda duran istediğin bir taşı alabilirsin.
   c) 5. Yataya gelmiş bir beyaz piyonun (siyah piyonlarda ise 4. yataya gelmişse) yanındaki dikeydeki rakip piyon iki adım ilerleyip yanına gelirse sanki tek adım atmış gibi düşünülüp çaprazından almaya denir.
   d) Böyle bir şey yoktur. Lütfen uydurmayalım.

9. **Mat nedir?**
   a) Şah çekildiği zaman şahın tehditten kurtarılamaması durumuna denir. Böylece oyun sonuçlanır.
   b) Şah çekmeye mat etmek denir. Dolayısıyla aynı şeydir. Hiçbir farkı yoktur.
   c) Mat iyi bir şeydir. Böylece şahla kaleyi yer değiştirmiş olursun.
   d) Şahı almaya (yemeye) mat denir.

10. **Aşağıdakilerden hangisi beraberlik çeşitlerinden değildir?**
   a) Tahtadaki taşların kazanç için yetersiz olması durumu.
   b) Oyunda Rok yapılması durumu.
   c) Oyunun Pat olması durumu.
   d) 50 hamle kuralı olması.

MAT SORULARI

Soru 1: Beyaz oynar ve bir hamlede nasıl mat eder?

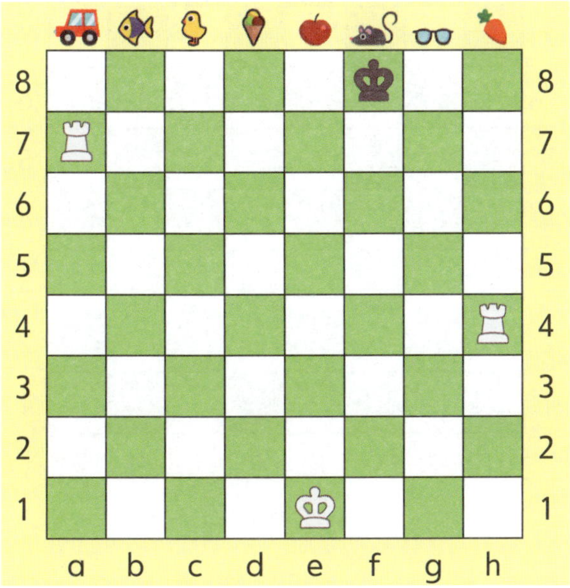

Diyagram 66

Soru 2: Beyaz oynar ve bir hamlede nasıl mat eder?

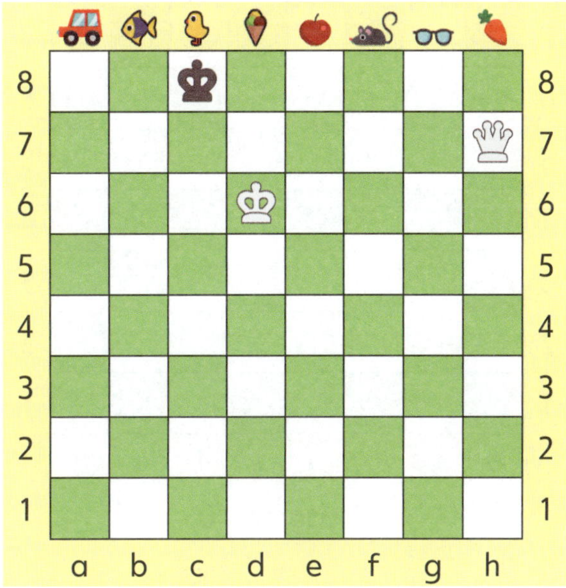

Diyagram 67

Soru 3: Beyaz oynar ve bir hamlede nasıl mat eder?

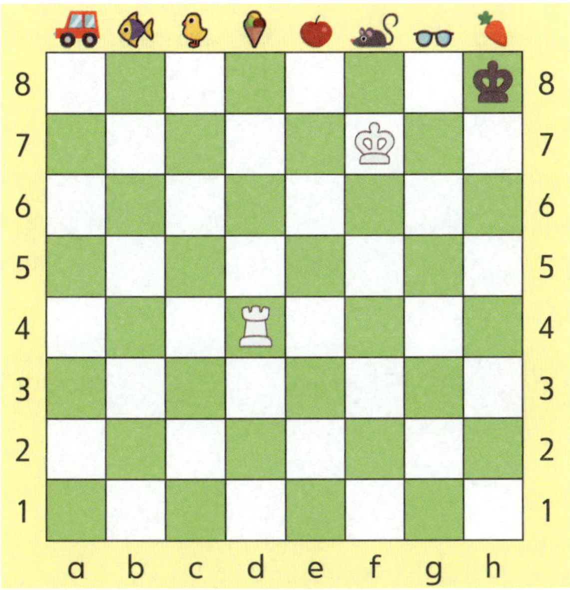

Diyagram 68

Soru 4: Beyaz oynar ve bir hamlede nasıl mat eder?

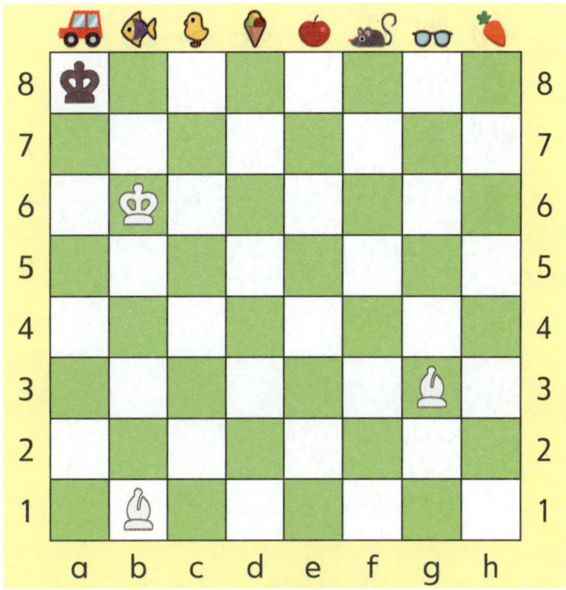

Diyagram 69

Soru 5: Beyaz oynar ve bir hamlede nasıl mat eder?

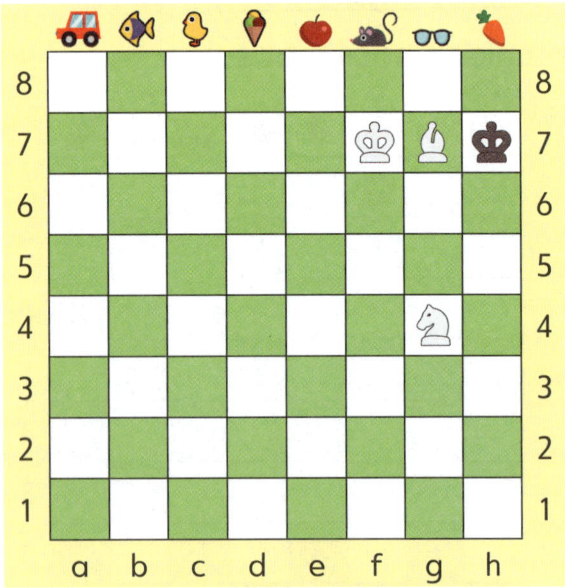

Diyagram 70

Soru 6: Beyaz oynar ve bir hamlede nasıl mat eder?

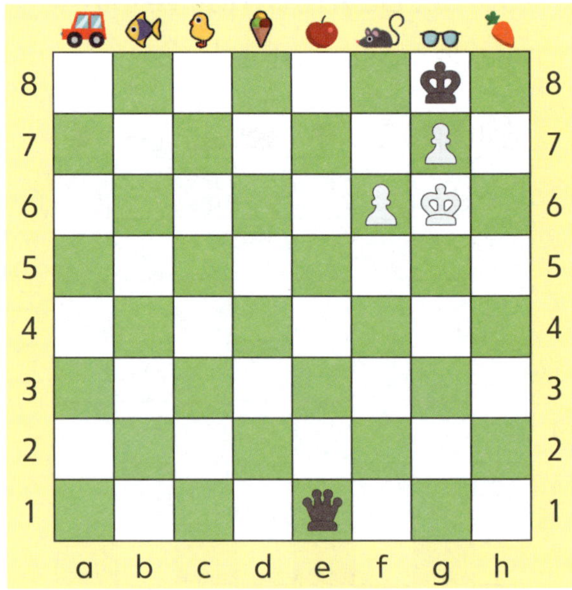

Diyagram 71

Soru 7: Beyaz oynar ve bir hamlede nasıl mat eder?

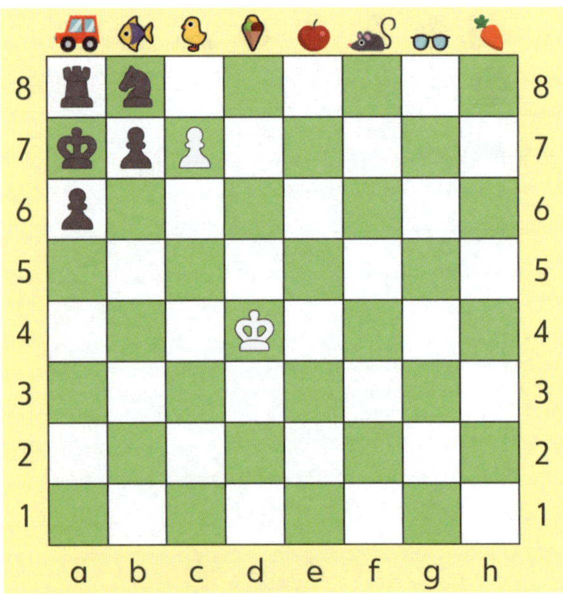

Diyagram 72

Soru 8: Beyaz oynar ve bir hamlede nasıl mat eder?

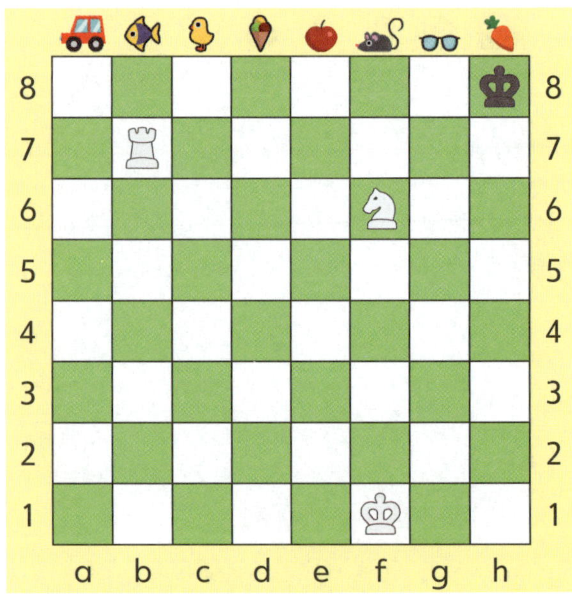

Diyagram 73

İYİ BİR SATRANÇ OYUNCUSU
OLMAK İSTEYEN
KÜÇÜK ARKADAŞIMA
BÜYÜK ÖNERİLER!

1- Satrancın düşünerek oynanan bir oyun olduğunu,
2- Satrancın bir oyun olduğunu ve kazanmanın, kaybetmenin ve berabere kalmanın bu oyunun bir parçası olduğunu,
3- İyi bir satranç oyuncusu olabilmek için, bu oyunu sürekli oynaman gerektiğini,
4- Oyunun amacının rakip şahı ele geçirmek olduğunu,
5- Yardımlaşmanın ne kadar önemli olduğunu,
6- Kendimize olduğu kadar, rakibimize ve onun söz (hamle) hakkına da saygı göstermemiz gerektiğini,
7- Rakibimizin ne oynadığına dikkat edip, amacının ne olduğunu anlamaya çalışmamız gerektiğini,
8- Oyunu kazansan da, kaybetsen de, rakibini kutlamayı,

SAKIN UNUTMA!

SATRANÇ TURNUVALARINDA GÖRÜŞMEK DİLEĞİYLE.

CEVAPLAR

1. Bölümle İlgili Minik Ama Çok Güçlü Sorular *(Sayfa 25)*

Soru 1 : c
Soru 2 : a
Soru 3 : d
Soru 4 : b
Soru 5 : b

2. Bölümle İlgili Minik Ama Çok Güçlü Sorular *(Sayfa 56-57)*

Soru 1 : c
Soru 2 : d
Soru 3 : d
Soru 4 : b
Soru 5 : d
Soru 6 : d
Soru 7 : b
Soru 8 : c
Soru 9 : a
Soru 10 : c

3. Bölümle İlgili Minik Ama Çok Güçlü Sorular *(Sayfa 90-92)*

Soru 1 : a
Soru 2 : c
Soru 3 : d
Soru 4 : b
Soru 5 : d
Soru 6 : b
Soru 7 : b
Soru 8 : c
Soru 9 : a
Soru 10 : b

Mat Soruları *(Sayfa 93-94)*

Soru 1 : 1) Kh8 # 1-0
Soru 2 : 1) Vc7 # 1-0
Soru 3 : 1) Kh4 # 1-0
Soru 4 : 1) Fe4 # 1-0
Soru 5 : 1) Af6 # 1-0
Soru 6 : 1) f7 # 1-0
Soru 7 : 1) c8(A) # 1-0
Soru 8 : 1) Kh7 # 1-0